U0800833

国家出版基金项目
NATIONAL PUBLICATION FOUNDATION

"十二五"国家重点图书出版规划项目

COMPLETE COLLECTION
OF CHINESE OPERA
中国戏曲艺术大系

《中国戏曲艺术大系》总编辑委员会

顾　　问　郭汉城　刘厚生

主　　任　廖　奔

执行主任　樊国宾

总 主 编　周育德

副 主 编　周华斌　刘彦君

执行主编　李鸣春　黄艳华

总 策 划　李鸣春　龙亭戈

总 监 制　樊国宾

《中国戏曲艺术大系·史论卷》编辑委员会

主　编　苏　移

副主编　叶长海　蓝　凡

编　委　（按姓氏笔画顺序）

龙亭戈　丛莉薇　叶长海　苏明慈　苏　移

沈鸿鑫　李鸣春　梁　燕　曹其敏　蓝　凡

创意总监　王春声

装帧设计　正是设计

中国戏曲艺术大系

COMPLETE COLLECTION OF CHINESE OPERA

廖奔 赵建新 著

中国戏曲文物图谱

Antiques Gallery of Chinese Opera

论史卷

【History Volume】

中国戏剧出版社

COMPLETE COLLECTION OF CHINESE OPERA
中国戏曲艺术大系

图书在版编目（CIP）数据

中国戏曲文物图谱/廖奔，赵建新著．—北京：中国戏剧出版社，2015.12（2019.12重印）

（中国戏曲艺术大系．史论卷）

ISBN 978-7-104-04293-8

Ⅰ．①中… Ⅱ．①廖… ②赵… Ⅲ．①古代戏曲－文物－中国－图谱 Ⅳ．①K875.54-64

中国版本图书馆CIP数据核字(2015)第211709号

中国戏曲文物图谱

策　　划：魏志国
责任编辑：魏志国
责任校对：黄艳华
书籍设计：任杰文
责任印制：冯志强

出版发行：中国戏剧出版社
出 版 人：樊国宾
社　　址：北京市西城区天宁寺前街 2 号国家音乐产业基地 L 座
网　　址：www.theatrebook.cn
电　　话：010-63381560（发行部） 010-63385980（总编室）
传　　真：010-63383910(发行部)

读者服务：010-63387810
邮购地址：北京市西城区天宁寺前街 2 号国家音乐产业基地 L 座(100055)

印　　刷：鑫海达（天津）印务有限公司
开　　本：787mm × 1092mm　1/16
印　　张：21
字　　数：300千
版　　次：2019年12月　北京第1版第2次印刷
书　　号：ISBN 978-7-104-04293-8
定　　价：168.00元（精装）

版权所有，违者必究；如有质量问题，请与出版社联系。

History Volume

Antiques Gallery of Chinese Opera

Auther Profile

史论卷

廖奔，中国作家协会副主席，文化与戏剧学者、教授、博导。中国社会科学院古典文学博士，美国伯克利加州大学博士后。出版著作《中国戏曲发展史》等二三十种，发表各类文学作品五六百篇。先后获得中国哲学社会科学优秀著作奖、“五个一工程”奖、中国图书奖、田汉戏剧理论奖等奖项。

赵建新，中央戏剧学院戏剧戏曲学博士，中国戏曲学院《戏曲艺术》编审。出版著作《中国现代非主流戏剧研究》《白药传奇》等多种，发表诗歌、文艺评论、剧作等逾二百万字，创作《龙城硝烟》《暗流》《可怜天下父母心》等影视剧多部。

「第二章」戏曲美术类

中国戏曲文物图谱

目录

史论卷

前言

戏曲是一种活泼的舞台存在，它的创作受到时间和空间的制约，不能像文学作品那样通过文字符号完全转化为历时性的物化形态——书籍而传存下来（通过文字展现的剧本只是戏曲的一部分而已）。因此，要认识戏曲在不同历史时期的不同面貌，我们还应该寻找其他途径。于是，我们注意到了戏曲的历史文物。

所谓戏曲文物，简而言之，就是指那些目前尚存留于世（地上或地下）的与戏曲有关的历史文化遗存。

中国戏曲在它长期的发生发展过程中，随时随处留下了自己的足迹，把它的结构特征、表现形式、社会功用等，通过物化的、形象化的形态，浓缩凝聚到与自身有关的历史文物上。这些戏曲历史文物随时代而变迁、积淀，陆陆续续，点点滴滴，贯穿了整个戏曲发展的历史。

由于戏剧活动总是和民间的祭祀、丧葬、喜庆的生活情景相连，所以戏曲文物大多出现于墓葬装饰、神庙建筑和装饰、居室装饰以及民间艺术品中，其形式多种多样、千姿百态，其载体包括帛画、壁画、画像砖、画像石、陶塑、绘画、木雕、砖雕、石刻、版刻、年画、泥塑、瓷器、剪纸、刺绣以及古代戏台建筑，等等。由于不同历史时期的文化和民俗背景不同，各个时期的戏曲文物形成情况也不一而足，因此其遗存也形成阶段性。从这些具有阶段性的戏曲文物的形态和内容上，我们可以清晰地看到一条戏曲艺术的发展脉络。

戏曲文物研究肇始于1930年代。1930年11月，考古学家卫聚贤在山西万泉发掘汉汾阴后土祠遗址时，关注到当地西景村岱岳庙的“舞厅”，并留下了舞厅和舞厅碑刻拓片的影像资料，并于1931年8月15日发表于清华大学中国文学会编纂的《文学》月刊一卷四期的扉页上，并附有以下文字：

此影及下三影系中央研究院卫聚贤先生今年在山西万泉县工作时间所摄，兹从赵万里先生处借印。此石刻于元至正十四年。所谓舞厅，即戏台也。赵先生见告，卫先生谓万泉气候干燥，下影中的舞厅，当仍为元代建筑。

1931年12月15日，卫聚贤又发表了《元代演戏的舞台》一文，对山西的古戏台和碑刻进一步调查研究。卫聚贤对这些戏曲遗存不经意的涉猎考查，却成为后来戏曲文物研究的滥觞。之后的几十年间，随着地上地下戏曲文物的不断发现，戏曲界逐步认识到运用考古发现的新材料印证戏曲史学文献，以达检核史书、补订史实之目的的重要性，对戏曲文物的研究开始逐步深入。1980年代之后，随着考古发掘和社会普查工作对古代文化层的大面积揭示，戏曲的历史文物遗留也越来越多地被发现和研究利用，戏曲文物研究队伍不断发展壮大。1986年，刘念兹先生正式提出了“戏曲文物学”这一学科概念，认为它“是戏曲艺术学与考古学相结合的产物，是运用考古手段研究戏曲历史现象的一门新兴的边缘学科”[①]。从此，戏曲文物学作为一门学科正式确立。此后，很多戏曲史学者把丰富的戏曲历史文化遗存同戏曲历史文献、民俗文化相结合，以文物证历史，考察古老的戏曲艺术在某一特殊历史时期的特殊形态，探索戏曲发展的历史规律，累积了丰硕的学术成果。

用图片的形式以文物证历史，可以纵向的戏曲历史分期为纲，展示每个历史时期内的戏曲演出形态；也可以戏曲文物的类别为纲，通过展示某类戏曲文物在不同历史时期的发展演变，管窥戏曲艺术在各个历史时期的表现形态以及与民俗文化、社会环境的关系。本书采取第二种方式。

戏曲文物的存在形式有多种形态。首先，从戏曲演出场所来讲，戏曲文物在地上的主要遗存为戏台等古代建筑；其次，从戏曲表现形态来讲，由于它们常常与当时人们的丧葬、祭祀、艺术和生活活动紧密相连，因而主要表现为墓葬中的石刻砖雕、寺庙壁画、世俗绘画等，我们统称为美术类戏曲文物；还有一种是戏曲资料类，主要是碑刻题记和抄本、刻本等古本遗存；最后一类是演出用具，包括曾经为戏曲艺人用以表演的遗物，如戏衣、服饰、砌末、面具、乐器等。

① 刘念兹：《戏曲文物丛考》，中国戏剧出版社1986年第1版，第2页。

第一章 演出场所类

第一节　戏台的源起

考古学家和人类学家研究发现，远古时期留下的岩画遗迹总是处于特定的空间环境中。这种空间环境的特点是，刻绘岩画的峭壁岩石的对面，一般是山林空地和崖壑坝坪，地形开阔，比较适合远古先民举行宗教性的模仿仪式歌舞。原始人刻绘岩画，同拟态模仿表演一样，都是宗教性仪式的组成部分，其目的是通过与神交感期望获得超越自身的能力，以达到成功狩猎的目的。那时的原始戏剧尚未从宗教性的拟态或象征性表演中分离出来，两者一体，于是原始先民集中在一起举行宗教性歌舞仪式的自然地形，就具备了最早演出场所的性质。

在新疆呼图壁县西南天山深处雀儿沟的陡峭崖壁上，就有体现生殖崇拜意义的舞蹈岩画。在这些刻有岩画的峭壁前，即是一块山间平坝。可以想见，这块山间平坝便是人类原始狩猎时期的表演场所。

新疆呼图壁岩画仪式图

新疆呼图壁岩画所附巨崖

人类进入农耕阶段后，走出森林沟壑，在更适宜于耕作的平原丘陵地带定居下来，祭祀农事神明的拟态性乐舞活动的功能发生了从祀神向娱人的转变。于是，乐舞活动开始出现欣赏者——观众，只不过当时的观众不是寻常百姓，而是贵族和富人。这些特殊的观众决定了当时的演出主要顾及欣赏者的需要，所以演出场所一般都在三种地方举行：厅堂、殿庭和广场。

从出土的汉画像石、画像砖所描绘的形象来看，有些演出场所都有屋顶或者悬垂的帷幔，这说明它们是房屋厅堂。

有汉一代，奢靡之风盛行，贵族富户经常设宴娱乐，夜夜笙歌，狎近俳倡。《汉书·张禹传》记载：入后堂饮食，妇女相对，优人管弦，铿锵极乐，昏夜乃罢。此类记载在汉书中还有很多。例如丞相田蚡“所好音乐狗马田宅，所爱倡优巧匠之属。”①元后时期，“五侯群弟，争为奢侈……后庭姬妾，各数十人，僮奴以千百数。罗钟磬，舞郑女，作倡优狗马驰逐。”②成帝时期，“贵戚五侯定陵、富平外戚之家淫侈过度，至与人主争女乐。”③

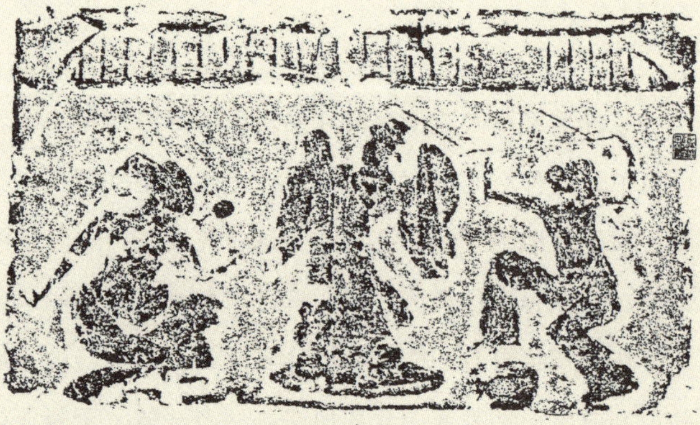

四川彭县九尺铺出土厅堂百戏画像石

河南南阳东汉许阿瞿墓厅堂百戏画像石

①《汉书·灌夫传》。
②《汉书·元后传》。
③《汉书·礼乐志》。

河南唐河针织厂汉墓厅堂百戏画像石

这些拥有众多倡优女乐的豪贵，习常在家中观赏演出。昌邑王曾经“发乐府乐器，引内昌邑乐人，击鼓歌吹作俳倡”。[①]宗室刘去则“数置酒，令俳倡裸戏坐中以为乐”。[②]这种宾客罗列、倡优杂坐的厅堂演出，正是夸耀豪富的有效手段，因而在贵族墓葬雕刻和绘画中这类内容最多。不仅贵族耽于逸乐，由兼并土地、商贾渔利而致富的大量“富民”也竞相效尤，在家中大兴俳倡之乐。汉桓宽《盐铁论》记载了如下事实：“今俗因人之丧，以求酒肉，幸与小坐而责辨歌舞俳优、连笑伎戏。”[③]“夫家人有客，尚有倡优奇变之乐，而况县官乎？”[④]这种普通富民的家室演出，助长了百戏的声势。

汉魏百戏的室家厅堂式演出，实际上是原始巫觋表演由野外进入屋室后的表现形式的遗留。《尚书·商书·伊训》说商代“恒舞于宫，酣歌于室，时谓巫风”，就是它的源头。《列女传》卷七称夏桀就已经“收倡优侏儒狎徒能为奇伟戏者，聚之于旁，造烂漫之乐”，或者有所本，因为其书晚出，不作为根据。

厅堂演出是在屋内的演出，而殿庭演出则是搬到了屋外堂前的庭院里或者大殿前面的露台上。这是贵族富民于家中演出百戏的又一种形式，一般是主客坐在堂屋之中宴饮，伎人在庭院里表演。庭院演出也有其历史的渊源，例如上古时期天子的

① 《汉书·霍光传》。
② 《汉书·景十三王传》。
③ 汉桓宽《盐铁论》“散不足第二十九”。
④ 汉桓宽《盐铁论》“崇礼第三十七”。

八佾乐舞，就是在宫廷大殿前面的庭院里举行。到孔子的时代，大夫季氏僭制，孔子就说他“八佾舞于庭，是可忍也，孰不可忍也”。[①] 汉代以后的宫廷百戏，也常常在殿前庭院里演出，例如《晋书·乐志》载后汉时期宫廷事说：“正旦，天子临德阳殿受朝贺。舍利从西方来，戏于殿前，激水化作比目鱼，跳跃漱水，作雾翳日。毕，又化成龙，长八九丈，出水游戏，炫耀日光。以两大丝绳系两柱头，相去数丈，两倡女对舞，行于绳上，相逢切肩而不倾。”像这种八九丈长的大鱼、相去数丈的丝绳，在室内是无法表演的，因而后汉皇帝设在德阳殿前演出，观演形式一如前面所述画像石所表现的那样。以后六朝诸帝也都纷纷仿效，《文献通考·散乐百戏》在叙述各朝百戏品类时，特地说明这些节目是“大飨设之于殿前”，都是在殿前庭院里演出的。《魏书·乐志》也记载了一笔，说当时的百戏演出形式为“大飨设之于殿庭，如汉晋之旧也”。《隋书·音乐志》记载，到北周时候仍然是“鱼龙漫衍之戏，常陈殿前，累日继夜，不知休息”。《魏书·三少帝纪》裴松之注引《魏书》还记载了曹芳的一件轶事：“日延小优郭

江苏徐州出土东汉庭院百戏画像石

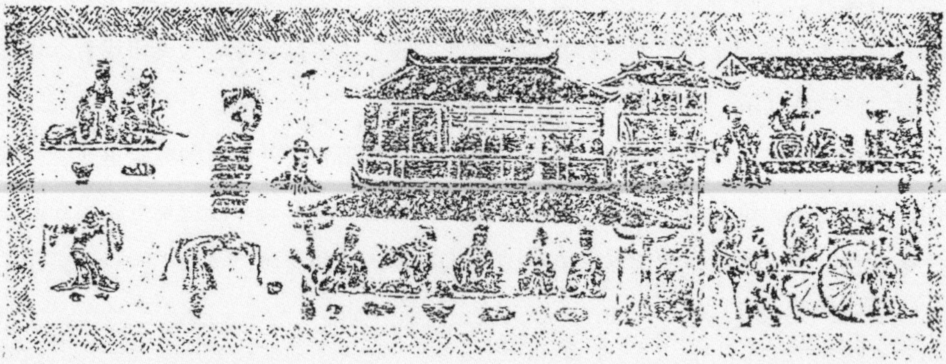

四川郫县东汉墓石棺庭院百戏石刻

---

①《论语·八佾篇第三》。

怀、袁信等于建始芙蓉殿前裸袒游戏……亲将后宫观瞻。”看来殿庭演出尤其为皇宫中所好尚。

如果演出者的位置是在空阔的广场，而观看者居于高处俯视广场，这种演出形式就是广场演出。广场演出的内容一般规模宏大，场面壮阔，要么戏车疾驰，百马奔腾，要么飞丸跳剑，吞刀吐火。这种演出的观众一般是皇帝或贵族，他们组织起众多倡优艺人，用炫目铺张的歌舞百戏夸耀声威。观看广场演出的地方是看台，汉代最大的百戏看台当属平乐馆。《汉书·武帝纪》记载：夏，京师民观角抵于上林平乐馆。平乐馆，亦即平乐观，是长安未央宫里的一座楼阙，当时是被当作大型看台使用的。皇帝登观远眺，场面阔大的百戏演出尽收眼底。这种好大喜功的举动对于当时人心理上的影响一定是巨大的，所以一直到后汉时期，文人学士们还在絮絮不绝地吟咏其事，其中尤以李尤《平乐观赋》对于广场表演细节的描写为具体：“戏车高橦，驰骋百马，连翩九刃，离合上下，或以驰骋，复车颠倒。乌获扛鼎，千钧若羽，吞刀吐火，燕跃乌跱，陵高履索，踊跃旋舞，飞丸跳剑，沸渭回挠，巴渝隈一，逾肩相受。有仙驾雀，其形蚴虬，骑驴驰射，狐兔惊走，侏儒巨人，戏谑为偶，禽鹿六驳，白象侏首，鱼龙曼延，龟螭蟾蜍，挈琴鼓缶。”百马驰骋所表演的戏车一类节

山东微山出土汉代庭院百戏画像石

山东微山县文化馆藏庭院百戏画像石

山东曲阜旧县村出土汉代地主庄园百戏画像石

四川郫县汉石棺庭院百戏画像石

山东安丘汉代庭院百戏画像石

目，也确实非广场表演不能奏其功，非高观观看不能视其详。在观上居高临下，俯视广场，不仅视野开阔，而且有明显的凌驾感，因此为当时的帝王所乐意采纳。到北魏时，有帝王从高楼上面观看士兵在阅武场表演角抵戏的记载，见北魏杨炫之《洛阳伽蓝记》卷五“城北”条。帝王置身于观上而欣赏百戏表演的场面，在贵族豪强墓中是不可能出现的，但广场演出的画像石却有着实例。

可以看到，上述三种场所都是占当时人口比例很少的社会上层集团为了自己生活和政治的需求建构的，并非专门的演剧场所。这时候的中国古代剧场还处在只注意安置特殊观众，不注重表演需要的初级阶段。

总括上述内容，由于汉魏时期的百戏演出，实属帝王、贵族的家庭、官署娱乐，还没有产生后世那种公共场所商业性演出的形式，因而演出是随观众走的，演出场所首先是安置观众的场所，然后才考虑表演的需要。可以说，真正的剧场在这一阶段里还没有产生。

露台

无论是厅堂、殿庭还是广场，都不是专门的演出场所，它们是专为特殊的观众——贵族阶层而设置的。在这一阶段，真正意义上的戏剧形态尚未出现，所以因观演关系的实际需要而设的戏剧舞台，也处于萌芽阶段。这种处于萌芽阶段的戏剧舞台，当时称为“露台”。《汉书·郊祀志下》记载王莽“起八风台于宫中，台成万金，做乐其上”。这里说的“台”就是“露台”。露台，就是露天的平台，一般设于厅堂中的院子或庙宇前的广场，演出可四面观。露台当为后世戏台之滥觞。

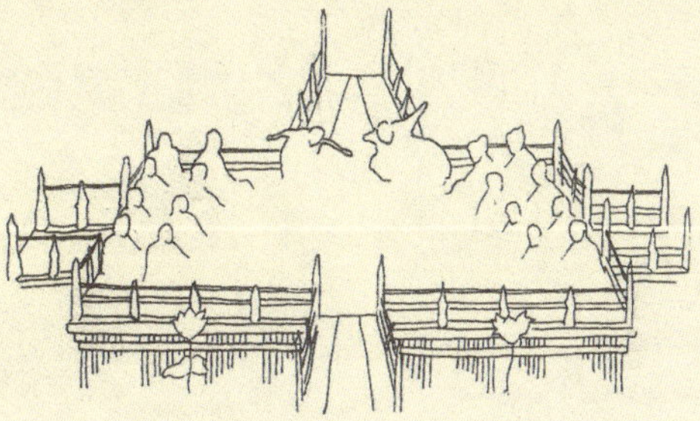
甘肃敦煌莫高窟唐112窟露台示意图

六朝时期，随着佛教大兴，从印度传来的梵乐经常在寺院内由僧人们

甘肃敦煌莫高窟唐第112窟壁画露台

敦煌莫高窟唐172窟西方净土变壁画露台

甘肃敦煌莫高窟唐144窟壁画露台

甘肃安西榆林窟第25窟壁画露台

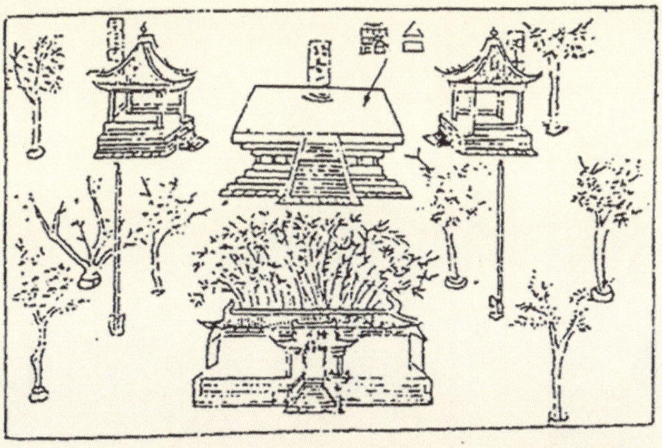

河南登封县嵩山中岳庙金代庙貌碑露台

演奏，用来吸引信众。后来，佛乐渐渐融合俗世的百戏，于是寺院也慢慢演变成为人们观赏百戏歌舞的场所。六朝寺院游艺演出之盛，在北魏杨炫之的《洛阳伽蓝记》中记载最为翔实，如在提到景乐寺时，说当时寺内演出包罗奇禽怪兽、飞空幻术、歌声绕梁、舞袖徐转，以至到了让人“目乱睛迷”的程度。

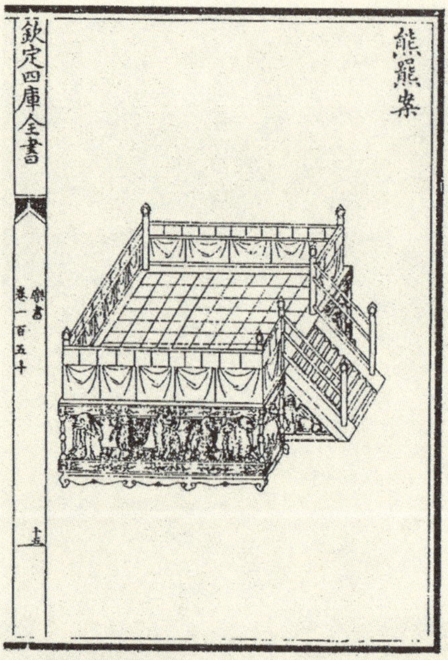

宋陈暘《乐书》绘熊罴案

梁武帝时还出现了一种专门奏乐的台子，木结构，可移动，有矮栏台阶，高丈余，因其周围装饰了熊罴图而名之为“熊罴案”。熊罴案在唐宋时期被宫廷沿用，对后来戏台形制的固定化产生了一定影响。

六朝时期繁盛的寺庙演出影响到唐代，便出现了“歌场”“变场”“戏场”等演出场所。“变场”是指说佛教变文的场所，自然是设在寺院中；而“歌场”和“戏场”这些表演歌舞百戏的地方，也多和寺院有关。宋代钱易在《南部新书》中记载：长安戏场，多集于慈恩。小者在青龙，其次荐福、保寿。尼讲盛于保唐，名德聚之于安国。士大夫之家入道，尽在咸宜。这里说的“慈恩”“荐福”“青龙”“保寿”等，既是香火极盛的寺院，也是

明刊百二十回本《水浒传》八十二回插图官衙演戏场面

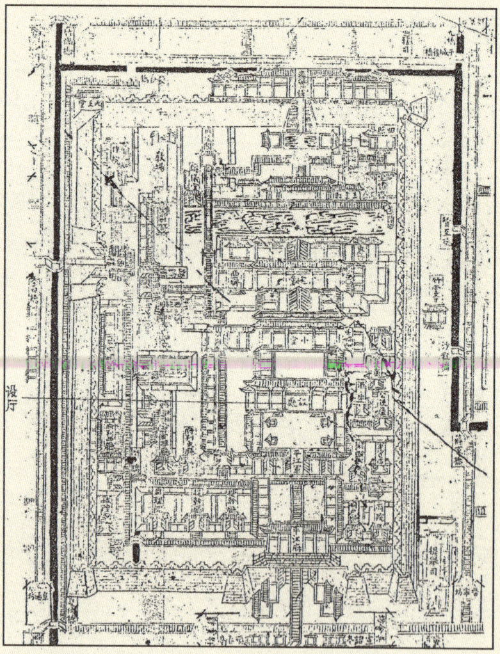

江苏苏州宋平江府图碑子城官署“设厅”

著名的“戏场”“歌场”。这些“歌场”“戏场”具体的演出位置，从敦煌壁画中可见一斑：寺院大殿前设有露台，四围有栏杆，百戏歌舞就在露台上演出。

除此之外，官府衙门还有“设厅”供演出专用。所谓“设”，就是安排酒宴，布置演出。到了宋代，设厅这种官署专门的演出场所成为固定建筑。

唐代的演出场所还有一个重要的发展，就是开始注重观演环境的整体性，出现了“看棚”。所谓“看棚”，就是把在院子中用屏风围起一个场子，前面演出歌舞百戏，客人们排坐在凳子上观看演出。“看棚”应是早期的剧场形制，开启了宋代勾栏瓦舍的先声。

勾栏瓦舍

随着戏剧艺术的发展和渐趋成熟，正式的戏剧演出场所开始在这一时期出现。它们主要分为两类，一类是作为大都市游艺场所的勾栏瓦舍，一类是广布民间的神庙戏台。

瓦舍，也叫瓦子、瓦市。它既是一些大城市固定的娱乐场所，也是宋元戏剧在城市中的主要表演场所。瓦舍里设置的演出场所称勾栏，也称勾阑或构栏，原意为曲折的栏杆，在宋元时期专指集市瓦舍里设置的演出棚。瓦舍的规模很大，大的瓦舍有十几座勾栏。瓦舍、勾栏在宋代的兴盛是与当时商业的繁盛相关的。宋代不抑制兼并，鼓励工商，使得全国农业、工商业繁盛，城市蓬勃发展，形成了一个庞大的市民阶层。瓦舍、勾栏正是市民阶层的主要娱乐场所和娱乐方式。

勾栏的建造形制借鉴了当时神庙戏台的一些特点，设立戏台和神楼，又考虑了对观众的安置建造全封闭的形制，四周围起，上面封顶，演出可以不考虑气候和时令的影响。在其内部，一面建有表演用的高出地面的戏台，戏台上设有乐床。其后是戏房，戏房通往戏台的通道称为“古门道”或“鬼门道”，也就是上下场门，其他面则是从里往外逐层加高的观众席，叫腰棚。其中正对戏台而位置较高的看台又叫神楼。观众席里又有最上等的座位叫青龙头，位于靠近戏台左侧的下场门附近。勾栏实行商业化的演出方式，对外售票。它的出现标志着中国剧场的正式形成，历经北宋、金、元、明朝前期四百余年时间。这一时期中国戏剧的演出场所以勾栏瓦舍为主，神庙戏楼为辅。但是，由于勾栏剧场多用木料和席棚一类材料拼搭而成，很容易塌毁，所以没有保存下来。

如果说汉唐以前祭祀方式主要是歌舞表演，汉唐以后更多的是音乐舞蹈和百戏杂技，到了宋元时期，则出现了神庙祭祀和戏曲文化的集合。这一时期虽然勾栏瓦舍发展迅速，但由于大多的民间乡村并不具备建造它们的条件，所以神庙就成为主要的娱乐场所。

舞亭

唐宋以后，中国神庙建筑形成了相对固定的格局。一般来说，一个完整的神庙，包括山门、钟鼓楼、戏台、献殿、正殿、配殿和东西廊房等，周围再以围墙环绕，形成一个独立的封闭空间。其建筑构成可以视地形环境和财力条件适当增减，而空间分布上则遵循中国传统的均衡美学原则，按照中轴线成纵向延伸排列，形成两边严格对称的格局。宋代之后的神庙建筑中，戏台已成为一个重要的组成部分。一般戏台都孤立地建于神庙大殿前的庭院中间，面向神殿，不和其他建筑相连，这是由它祭神演出的功能所决定的。

神庙戏台经历了从露台到舞亭，也即从台到楼的过程，从简陋渐趋精良。露台汉唐时出现，宋金时期的神庙中建露台已经非常普遍。这种露天式的戏台一般建于庙宇中的广场或庭院，或积土垒之，或砖石砌之，演戏时四面观看。河南登封嵩山中岳庙存有《大金承安重修中岳庙图》碑一通，从此碑刻图可以看出，中岳庙正殿竣极殿前的庭院广场上设方形台一座，上有榜题“露台”二字。露台的南面有台阶，供人上下。按照常例，台的北面也应有台阶。今中岳庙竣极殿露台仍存，长宽各十一步，高115厘米，台面青砖铺砌，周遭砌以条石，南北两侧均有台阶。

舞亭类建筑是从露台发展而来的。因为露台不能避风雨寒暑，人们便在露台上搭顶棚。一开始顶棚是临时性的，随时可供拆卸，后来随着神庙露台的固定，人们便用瓦木结构建顶棚，使其可以不必拆除而长期保存，在此基础上就产生了永固性的舞亭类建筑。

神庙结构中的舞亭类建筑出现的时间，根据现有资料，最早为北宋年间，首见于山西省万荣县桥上村后土圣母庙。该庙北宋天禧四年(1020)立《创建后土圣母庙碑记》石碑称，景德五年(1008)曾建立“舞亭”。山西省晋东南地区保存了另外几处北

山西侯马金代董墓舞亭

宋神庙舞亭类建筑的碑刻记载。沁县城内关帝庙宋元丰三年(1080)所立《威胜军关亭侯新庙记》碑，有“舞楼一座”字样。根据碑文，该庙建于熙宁十年(1077)至元丰二年(1079)之间，舞楼应该也于同时建立。平顺县东河村九天圣母庙宋建中靖国元年(1101)所立《重修圣母之庙》碑，碑文称“创起舞楼”，建庙与修建舞楼时间为元符三年(1100)。

元代戏台碑刻里有多处提及这类建筑的名称，例如万荣县太赵村稷王庙“舞厅”，临汾市魏村牛王庙“乐厅”，万荣县孤山风伯雨师庙“舞厅”“舞亭”，翼城县武池村乔泽庙“舞楼”，万荣县西景村东岳庙“舞厅”，河津县北寺庄庙“舞楼”等。又如《中州金石目》卷四“渑池”条中收录有元至元二年(1265)《昭济侯献殿舞亭记》、至大三年(1310)《重修昭济侯献殿舞亭记》二目，其中都称为“舞亭”。元王恽写于至元十二年(1275)的《平阳路景行里新修岱岳行祠记》里面提到平阳府岱岳庙里“作乐有亭”①。由上可知，宋元时期神庙戏台的名称很多，很不固定，有舞亭、舞楼、舞厅、乐亭、乐厅、乐楼等等。

到了金元时期，把神庙露台改建为舞亭类建筑，已经成为时俗所趋，似乎如果不这么做，就给庙貌建筑留下一大缺憾。这一点可以从山西省万荣县太赵村稷王庙元至元八年(1271)《舞厅石□》(□疑为碣字)中看得很明显。其碑文称该庙“既有舞基，自来不曾兴盖”，直至村民某发善心施舍银钱，才“创建修盖舞厅一座”。

从今存金、元戏台遗址实地考察情况来看，当时舞亭类建筑的基本形制是固定的：一般都有一个一米多高的台基，平面方形，石质或砖质。上面四角立柱，石质或木质。柱上设四向额枋，彼此在转角处平行搭交，形成“井”字形框架。额枋上每面设斗拱四攒、五攒乃至六攒不等。转角处施抹角梁和大角梁，其上设井口枋，与普柏枋斜角搭交，形成第二层“井”字框架，而与第一层框架交叉相迭。其上又有斗拱，再设第三层框架。各层框架逐渐缩小，形成藻井形制。藻井斗拱上设檐槫、平槫、脊槫，中心设雷公柱，周围撑以由戗。屋顶为大出檐，屋角反翘，具有独特的艺术风格。运用藻井能够帮助舞台乐音的聚拢和共鸣，是一种比较科学的建筑方案。

如果从屋顶式样来分，金元戏台可以分作两种基本类型，即十字歇山式和单檐歇山式。十字歇山式舞亭较为少见。晋城市冶底村金代东岳庙舞楼，其石柱头上刻有“正隆二年”(1157)字样，即为十字歇山式。这座戏台是今天保存下来年代最早的一座。元代十字歇山式舞亭，今存仅临汾市东羊村东岳庙至正五年(1345)戏台一例。万荣县四望村后土庙元至正年间戏台也是这种式样，可惜在抗日战争时期被日军所毁，仅存照片。

单檐歇山式舞亭为元代戏台普遍的样式，今存元代戏台大多采取这种结构。例如临汾市魏村牛王庙至元二十年(1283)乐厅、永济县董村三郎庙戏台、翼城县武池村乔泽庙舞楼、石楼县张家河村殿山寺圣母庙戏台、翼城县曹公村四圣宫戏台、临汾市王曲村东岳庙戏台等。

沁水县郭壁村府君庙舞楼，结构为金元建筑，虽然也是单檐歇山式，但却山花向

①《秋涧集》卷三十七。

前，十分独特。另外，山西省侯马市牛村发现的金大安二年(1210)董圯坚墓北壁墓主夫妇雕塑神像上方，以及与之相距不远的104号金墓南壁墓门上方，各砌出一座戏台模型，也是山花向前，因为没有雕出全部屋顶，所以其建筑式样不清楚。这种单檐歇山式样而山花向前的舞台顶部，与受到元杂剧影响而兴起的日本能乐的舞台接近。

神庙里演戏和看戏的具体情形是怎样的呢？观众处于什么位置？有无安置条件？这就是有关神庙演戏时对环境的利用问题。最早的文献记载可以追溯到北宋。清潘长吉《宋稗类抄》卷七“怪异”条说，宋仁宗朝时有一位举子江沔，曾经在开封大相国寺和众书生一起“倚殿柱观倡优”。这说明大相国寺里举行戏剧演出时，观者有人靠着柱子站在大殿廊下，庭院里当然更是可以随意站立的处所。

宋以来发展起来的舞亭类建筑在神庙中的位置，都是居于正殿的南边，与正殿保持相当的距离，使正殿与戏台之间形成一片空阔的场地，这片场地的作用就是让观众站立观看演出。舞亭都有高台，以便众人的视线无论前后远近，都能不受阻碍，这或许是舞楼之“楼”的得名原因。

戏台形制的变化，反映了我国古代观剧形式的演进过程。汉唐时期的广场形式演出是供人围观的。唐代寺庙露台演出，从敦煌壁画里的众多例子来看，也应该是从四面观看的。露台一般处于大殿前面庭院的中心，四面无遮拦，观众可以散布四周。今存万荣县汾阴后土庙金刻宋建庙貌图碑里，露台就是处于大殿前面的庭院正中的。当然，当时演出主要还是为了娱神，观者席可能会有一定的规定或限制，不可能四面都站人，或许台的正面（面向神殿一面），也就是演出的正方向，并不允许人们停留观看，而只留给神享有。

宋代产生“舞亭”式建筑。亭子为周遭无墙，以柱撑顶的建筑。“舞亭”取“亭”为名，自然是因为其结构上与之一致，因此，也应该是四面敞开、可以围观的。前面提到，舞亭类建筑是从露台发展起来的，最初是在露台上架设临时性的乐棚，用毕以后拆除，逐渐产生了固定的瓦木结构顶棚。这种顶棚，就是仿照当时亭子的样式，四角立柱，上覆瓦顶，而四壁洞开。露台都是正方形，恰恰也和亭子的平面结构一致。

亭子由于其不同于楼观堂榭的结构形制，平面方形，因而顶盖结构也有一定的规则，例如小的多数为四角攒尖顶，大的则为十字歇山顶等。宋金时期舞亭多采用十字歇山顶，正是亭类建筑的特征。而元代戏台仍然普遍为平面正方形，也是亭式结构的遗迹。元代戏台顶棚多为单檐歇山式，则已经是从四面观看过渡到前面观看以后改进的样式了。

山西侯马104号金墓舞亭模型

元代既然把舞亭称作“厅”，反映了其时戏台建筑的改进。元代戏台的观看角度已经从四周向前方三面转移。其标志为纷纷在舞亭的后部（与神殿相反的方向）加砌后墙。今存山西省临汾市牛王庙元至元二十年（1283）“乐厅”的形制为：四角立石柱，上面为亭榭式盖顶，后部二石柱间砌有土墙一堵，并在两端向前转折延伸到戏台进深的后部三分之一处，墙端加设辅柱。这是典型的元代建制。加添后墙使戏台形成一个较浅的后台空间，辅柱并不承接额枋的重量，并没有改变舞亭类建筑四角立柱的基本格局。而前台呈三面展开，就使演出由四面观看变为前、左、右三面观看，完成了中国古代戏台建筑的一次大的变革。事实上，神庙演出是给神看的，表演从来是对着神殿，过去戏台没有墙时也不可能真正实现四面观看，所以加盖一堵墙只是顺应现实。但这种改革却奠定了中国戏台的基本样式，此后虽然还有变化，但三面观看的舞台基本格局已经被历史地形成和固定下来了。

山西省洪洞县霍山明应王殿元泰定元年（1324）忠都秀作场壁画所描绘的图

景，就是一幅在神庙戏台上演出的场面。演员面朝前方作两行排列，方向性十分明确。演员背后有帐幔悬垂，隔出前后台，帐幔左角有一未上场角色以手搴帘露出半身向外窥探。《蓝采和》杂剧第一折正末装扮蓝采和对王把色说："你将旗牌、帐额、神、靠背都与我挂了者。"壁画上方悬挂的"忠都秀在此作场"布幔条幅就是帐额，那两块绘有壮士持剑斗蛟的布幔为神，其后面的双钱纹大幔为靠背。画中的戏台应该类似于临汾魏村牛王庙戏台的形制，帐幔则为后世戏台上"守旧"的前身。可以推想，帐幔后面的空间还比较小，在实际运用时显得狭促，进一步的改革尚有待于历史的安排。

戏班演出前临时悬挂帐幔在戏台上隔出后台，说明当时的戏台前后台之间还没有设置固定的隔断，临汾市王曲村东岳庙元代戏台两侧面的额枋上还可以找到悬挂帐幔时留下的大钉痕，位置在戏台进深的后部三分之一处，也证实了这一点。在戏台上建立固定槅扇式木墙，把前后台正式分开，已经是明代的事了。

第二节 戏台

明清时期是中国戏曲的繁盛期，一方面传奇创作出现高峰，四大声腔流布，戏曲进入昆曲时代；二是地方剧种勃兴，商业性质的专业戏班大量增多。伴随着戏曲艺术的发展，戏台建筑渐趋大型化，形式也更趋精美。康熙、乾隆年间各地建立的戏台，就明显地带有这种商业色彩。当时以棉布业、典当业为主的山西、陕西商业势力向外扩展，出现了沿黄河流域、长江流域东进局面。山陕公会到处建立会馆，大多以关帝庙的形式出现。太原、西安、洛阳、开封、亳州以及山东聊城等交通要道，均有大关帝庙的兴建。关帝庙内多附建戏台，如亳州花戏楼等。陕南汉水流域，有著名的赊旗镇(今社旗县)大关帝庙戏台。沿川陕路到四川各地，也是如此，著名的有自流井（今自贡市）山陕会馆戏台。这些戏台的规模都非常宏丽。随着这些戏台的建立，山陕地方兴起的梆子腔也在各地演出。与此同时，江苏、安徽的盐商势力也以苏州、扬州为中心向北方延伸。盐商重视昆山腔，这与以官商结合为特点的盐业经济势力很有关系。苏州老郎庙是清廷扶持的昆山腔的大本营，一时成为官府承认的全国戏曲中心，号称“梨园总局”。苏州织造府利用梨园总局，经常向清廷输送演员和戏装，北京清宫内也建造了多处大型精美的戏台。此时，沿海的福建、广东也随着商业经济的发展，在著名的佛山镇道教祖庙中兴建了宏伟奇丽的万福台(见佛山祖庙戏台)，在潮州建有外江戏会公所，在福建莆田建有瑞云祖庙戏台。清代在全国各地建立的戏台为数甚多，这些戏台的建筑及其碑文，为研究清代戏曲，特别是清代地方戏的发展提供了珍贵的实物资料。

这一时期的戏台按所处位置，主要分为以下几类：堂会戏台、戏园戏台、神庙戏台、宫廷戏台、水畔戏台和各类会馆、祠堂戏台。

堂会戏台

堂会戏的演出场所是最为随意的，由于戏曲表演的虚拟性和时空自由性特征，它不需要专门的布景和舞台装置，因而对于演出场所并不提出特别的要求，另外戏曲演出的场面也可大可小、可繁可简，这就为堂会演出的随意处置提供了条件。因此，堂会戏的演出场所总是根据观者的条件和要求安排的，它可以是在民家普通的厅堂里或者庭院里，也可以是在衙门、酒楼、饭馆和一切公共场所里。

苏州太平天国忠王府室内戏台

堂会演出最常见的场所还是在厅堂内：大厅中间铺上地毯作为演出场地，周围设桌席供宾主坐赏，另有地方供女眷看，而有帘子隔开。《金瓶梅词话》第三十六回描写说："共三个旦、两个生，在席上先唱《香囊记》。大厅正面设两席，蔡状元、安进士居上，西门庆下边主位相陪，饮酒中间，唱了一折下来。"清焦循《剧说》卷六引《菊庄新话》里写陈明智堂会演出场景也十分生动：陈表演《千金记》里的楚霸王项羽"起霸"，在地毯上龙腾虎跃，又耸喉高歌，震得"梁上尘土簌簌坠肴馔中"，而"座客皆屏息，颜如灰"。堂会演出另外一种常见的地点是正厅台阶下面的院子里，《金瓶梅词话》第四十三回描写其演出情景曰："阶下戏子鼓乐响罢，乔太太与众亲戚又亲与李瓶儿把盏祝寿。"戏子在庭院里作戏，观看演出的人则坐在厅堂里面饮酒作乐。

明清以后又有利用四合院建筑的整体布局作为剧场的，通常是主人坐正厅，而把正厅前面的对厅拆去格子墙板，作为戏台。清李绿园《歧路灯》第十九回说：“把箱筒抬在东院对厅，满相公叫把格子去了，果然只像现成戏台。”有时为了视野不受干扰，主人在设计房屋时就已经根据演出需要作了改造。明张岱《陶庵梦忆》卷三“包涵所”条说包家“大厅以拱斗抬梁，偷其中间四柱，队舞狮子甚畅”。包涵所有自己的戏曲家班，他设计这座大厅当然主要是为演戏用的，舞狮子只是偶尔为之。那么，演戏时的戏台就具有更大的空间了。在对厅里演出，可以直接把对厅的一部分当作戏房，但也可以利用厢房作戏房，上引陈明智故事，说他“至演剧家，则衣笥俱舁列两厢……少顷，群优饭于厢”，就是在厢房里作演出前的准备工作。演完后卸妆也在厢房里：“陈至厢，众方惊谢，忽以盥水去粉墨。”《金瓶梅词话》第四十二回也说：“西门庆分付，西厢房做戏房，管待酒饭。”

一些豪商巨户也依照戏台和茶园剧场的样式在家中建筑堂会戏台或小剧场。前者为露天庭院式，即在四合院内仿照神庙戏台样式建固定戏台，观看的人则坐在堂屋里欣赏。后者为封顶大厅式，即把戏台建在大厅内，再仿照茶园剧场设酒座、楼座等分别安置客人和女眷。这两类演出场所在各地都有一些古物遗留。

扬州寄啸山庄清代戏台

露天庭院式戏台的造法，一般是在四合院的天井一侧建筑戏台，戏台背靠前厅，利用前厅作为戏房，面向正厅演出，而以正厅处看戏。山西省太谷县城上观巷孔家大院戏台大致是这种样式。该台建于清咸丰年间（1851～1861），有一个高出庭院地平35厘米的台基，前有二柱，顶为硬山式。戏台在结构上与前屋连接，中以三扇槅扇相隔，演戏时取掉两旁两个槅扇，就成为上下场门。正屋和厢房的前脸都由槅扇组成，看戏时可以摘除，客人坐在屋里即可欣赏。

北京清恭王府室内戏台

封顶大厅式私宅剧场的造法，一般是利用一间宽大的房子，在房厅一头建戏台，厅中摆桌椅处看客，一般没有厢楼。清代恭亲王奕訢的王府（在北京前海西街）后花园里有一座小型剧场，就是这种式样。它的整体建筑为一座长方形大厅，厅内南部设戏台，面积为720厘米×610厘米，台高32厘米，呈三面伸出式，围以约50厘米高的栏杆，上面有天花顶棚。厅中部是空场，可供客人摆设桌席饮酒观剧。北部为正门，正门内侧两旁有楼梯可上二楼，为堂眷观剧之所。

官府衙门也是举办堂会戏的一个重要处所。由于官僚们通常不便到戏园里去看戏，他们宴客待友或者日常宴乐就多采取在衙门里唱堂戏的方式。《歧路灯》第九十五回写一个昆班在巡抚衙门唱堂戏，场景非常具体："那苏班是久伺候过官场上戏的，在旁边蓝布帐内，偶尔露个半身绯丝袍，桌子上微响锣鼓磕碰之声，那帐缝儿撩开半寸宽，微现旦脚妆扮已就，粉白脸儿，黑明眼儿，一瞧即回光景。这个怀艺欲试之意，蓄技久待之情，向来官场伺候不曾有过。"通常衙门演戏在大厅里举行，地方宽绰，戏班可以根据情况用帐幔隔出戏房，留出鬼门供上下场。大厅中部则安放地毯供表演用。

戏园戏台

宋元时期的勾栏是木制结构，易倒塌和失火，所以到了明代已经衰落，到了清代，戏园则取而代之。虽名为戏园，但它却并不靠演戏盈利，其经营形式是酒楼和茶园。

酒馆戏园出现在明末，一边卖酒馔，一边演戏。清初，很多大都市里的酒馆都唱戏，在北京就有太平园、碧山堂、白云楼、四宜园、月明楼等。

北京以外的酒馆戏园以苏州为多。苏州在清雍正时（1723～1735）出现了第一座酒馆戏园郭园，乾隆年间增加到数十处。苏州桃花坞木版年画中有一张刻于乾隆年间的《庆春楼》图，表现的正是苏州城内一座酒馆戏园“庆春楼”的营业情景。另外，园外墙壁上贴有其他戏园的戏单两张，一书“九如楼新正月演全本六出祁山”，一书“太□□新正月演全本下西洋”。从画里又可以知道乾隆年间苏州其他几个酒馆戏园的名字：庆春楼、九如楼和太□楼。《庆春楼》图中，进门柜台上摆有一块木牌，上面写有“酒席”二字，标明了此馆的性质。内中还可以看到宾客围桌而坐吃喝宴饮的情景。

山西繁峙县岩山寺文殊殿金大定七年（1167）壁画市井酒楼说唱图

岩山寺文殊殿金酒楼说唱壁画摹本

清乾隆桃花坞年画酒馆演戏图

乾隆以后，酒楼演戏逐渐被茶园所取代。茶园是喝茶的地方，没有酒桌上那种喧闹声，比较适于人们观赏戏曲演唱，所以成为更受欢迎的观剧场所。北京演戏的茶园在乾隆末期知道名字的有八座，如万家楼等。道光年间知道的有二十座，如中和园等。在北京的影响下，东南一带城市在清末也开始建设茶园式剧场。同治、光绪年间，上海陆续兴建戏园十数家。

茶园建筑的整体构造为一座方形或长方形全封闭式的大厅，厅中靠里的一面建有戏台，厅的中心为空场，墙的三面甚至四面都建有二层楼廊，有楼梯上下。茶园观众座位按照设置区域和舒适程度分成数等，并按等收费。楼上官座为一等；楼下散座为二等；池心座为三等。

茶园里的戏台靠一面墙壁建立，设有一定高度的方形台基，向大厅中央伸出，三面观演。台基前部立有两根角柱或四根明柱，与后柱一起支撑起木制添加藻饰

内蒙呼和浩特无量寺清《月明楼》戏画

的天花（有些为藻井），有些台板下面埋有大瓮，天花藻井和大瓮都是为声音共鸣用的。戏台朝向观众的三面设雕花矮栏杆，柱头雕作莲花或狮子头式样。台顶前方悬园名匾。晚清以后，通常在木柱的上方串连一根铁棍，供演武戏（如《盗银壶》《盗甲》《拿花蝴蝶》《艳阳楼》等）时表演“双飞燕”“倒挂蜡”等表现飞檐走壁的绝技时用，据说是永盛魁班的张大四创始的。戏台后壁柱间为木板墙，有些造为槅扇或屏风式样，两边开有上下场门，通向后面的戏房。

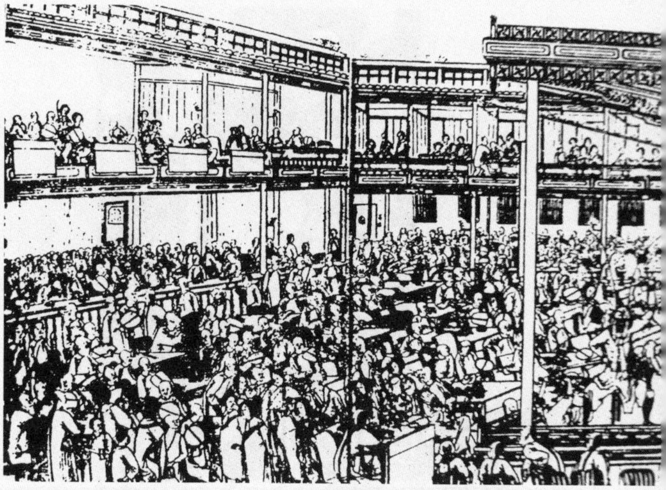

清上海丹桂茶园图

从建筑形制而言，和同期呈尽匠心形态各异的神庙戏台相比，茶园戏台并没有什么十分特别的地方。但是，茶园剧场在建筑上有一个重大的发展，就是对观众席位进行了精心设置和安排。茶园建筑把观众席和戏台都包容在一个整体封闭的空间里，使演出环境排除了气候的干扰，这是对于神庙露天剧场建筑的一种进步。

茶园里最好的座位为“官座”，设在左右楼上靠近戏台的区域，每座之间用屏

清《吴友如画宝》绘上海福合园

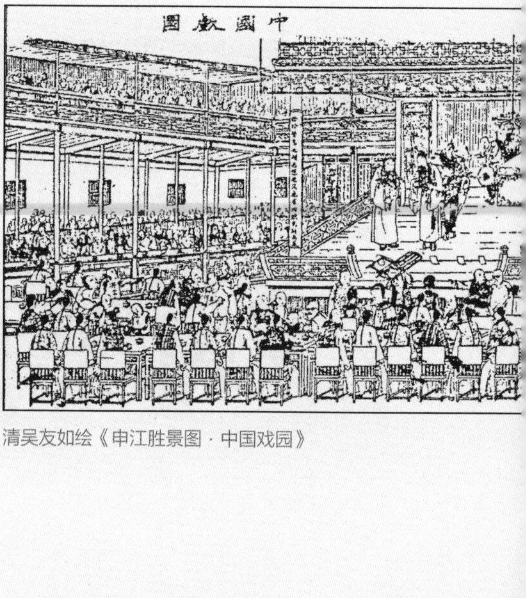

清吴友如绘《申江胜景图·中国戏园》

清中叶北京茶园图

风互相隔开，其性质类似包厢，左右楼各有三四个包厢。官座的设备，道光时有矮桌一个，靠近前面的栏杆摆放，桌后设椅，上面安设坐褥，供主人坐，椅后又有高凳让仆人坐。光绪时官座改为“平连三桌，间以木板”①，扩大了桌子的面积。官座并不能把楼上的空间占完，所以官座后面的楼廊里还设有一些散摆的“桌子”，距离戏台越远，价钱越便宜。面对戏台的正楼不设桌子，大概跟艺人的传统信仰有关，过去勾栏里在戏台正对面安置的是神楼，供奉戏神，不在正楼设桌，表示对神的尊敬。

比官座次一等的座位为“散座”，设在楼下两边的楼廊内，一般设有桌子，客人围桌而坐。散座后面靠墙的地方还有高座。

比散座再次一等、也是茶园里最普遍的座位——“池座”，设在大厅中间，戏台与周围楼廊环绕的空场中。其间摆有许多条桌，供平民百姓围坐看戏用。池座不按桌子计价，因为不设包桌，而只按照人头收费。由于戏台是伸出式的，在戏台两

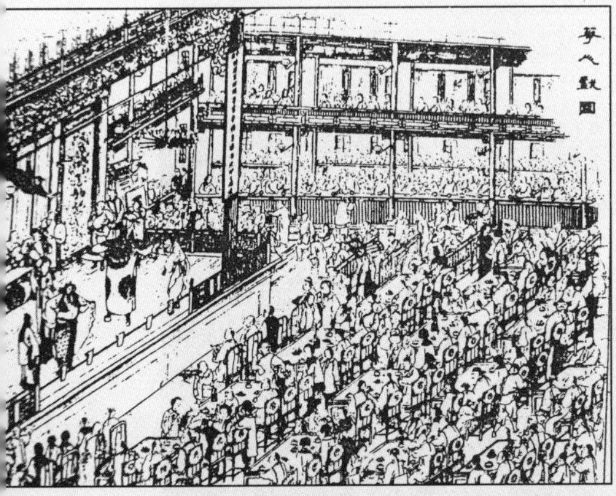

清吴友如《申江胜景图·华人戏园》

清《吴友如画宝》绘茶园楼上女座

① ［清］沈太佺《宣南零梦录》。

侧还有一定的空地，称作“钓鱼台”，里面也设有池座条桌，但是靠近上场门的地方由于过分喧闹，人们都不愿意坐，是茶园里最次的座位。

茶园的面积没有可靠的数据，但可以从一些文献记载来进行推测。清杨懋建《梦华琐簿》说道光初年集芳班演昆曲，“先期遍张贴子，告都人士。都人士亦莫不延颈翘首，争先听睹为快。登场之日，座上客常以千计。”上座一千人是茶园可以容纳的人数的高额。清沈太侔《宣南零梦录》曰：“谭伶为中和园台柱，丙午秋冬间常不登台，以致顾曲者日少，每日有上二三百座之时。十一月初一后，谭伶忽然振刷精神，除传差及堂会外，无日不演，自是座为之满。”上座二三百人是茶园演出的凋敝时期。由此可以知道，茶园剧场一般可以容纳一千人以下，比今天的普通剧场稍微少一些，但如果考虑到茶园座位是按照茶桌形式摆放的，占面积较大，那么茶园剧场的面积不会小于后世的普通剧场。

清人绘广庆茶园图

清光绪年间北京茶园演戏图

民国绘茶园内部情景

茶园里的灯光照明，采用悬挂灯笼的办法。由于茶园内部形成一个封闭的空间，不受天气影响，点灯照明十分方便，所以普遍靠燃烧油灯或蜡烛生光，为了照顾到演出效果，尤其在戏台周围集中悬挂。后来，一些茶园上部开始安装玻璃窗户，用以引进自然光，这是从建筑设计上对于光线的安排。随着建筑技术的发展，窗户越装越多，剧场内部也就越来越亮堂，辅以灯光，就能更清晰地看到戏台上的演出了。

茶园最初是不准女客进入的，妇女只能在茶园被人家包场演堂会的时候借机前往。清徐珂《曲稗》说："京师戏园，向无女座。妇女欲听戏者，必探得堂会时，另搭女桌，始可一往。"通常女座设在茶园楼上右侧，还要用帘子隔开人们的视线。这种情景后来渐渐改观，在咸丰二年正月御史张炜奏折里就提到当时京城戏园里"或添夜唱，或列女座"①。光绪七年（1881）恭王之子载澂在内城丁字街、什刹海等处开设茶园，"内城效之者五六处，皆设女座"②，可见妇女进园看戏的趋势是越来越强了。

茶园剧场是比较理想的演出场地，对于演出和观众的安置都做到了充分的注意，晚清戏曲的集大成者京剧艺术在北京的成熟实在和茶园提供了便利的条件有关，而民众也在茶园观剧活动中形成了独特的欣赏习惯和心理。但是，限于科学水平，茶园演出仍有很多问题没有克服，例如场内仍然过于嘈杂，通风设备不好，光线不足等。

---

① 见《大清文宗显皇帝实录》卷五十一。

② 见［清］李慈铭《荀学斋日记》丙集上。

神庙戏台

与宋元时期神庙建筑常常不把戏台纳入自己的整体结构布局不同，明清时期由于在神庙中修建戏台已经形成传统，因而在最初设计的时候就把戏台建筑考虑进去，使之成为神庙结构组成中一个不可分割的部分。许多神庙都直接利用戏台来构建庙中的一重院落，也就是说，利用戏台和厢楼、院墙的连接来分隔庙中空间，戏台已经不再是庙院中间孤零零的存在，而和其他部件连在一起。

最常见的一种形式就是把戏台和山门结合起来而形成过路式戏台，可以称之为

山西晋城市冶底村东岳天齐庙金戏台

山西高平王报村二郎庙金代戏台

山门戏台复合型。这种戏台，山门与戏台结合为一体，戏台下开巷道，戏台骑跨在山门入口通道上，形成过街楼式，人们进入山门时要从戏台下穿过，然后到达庙院。山门戏台也可以有不同的设计方法，最常见的当然是台板下面为道路，行走演出两不妨碍。但也有变通的情况，例如道路劈开台基，把它分为两半，平时走

山西沁水郭壁村府君庙金元戏台

人，演戏时在上面搭板，使两边的台基连为一个整体。甚至还有戏台和山门合用的，一座厅式建筑，平时走人，演戏时当戏台。又有一种变通的形式，即山门开在戏台的旁侧，人们进庙时并不通过戏台，而是从台侧绕过。

山西临汾市魏村牛王庙元戏台之一

事实上一些神庙的构建情况是十分复杂的，往往多座庙体彼此勾连，构成一个复杂的建筑群。这里举一个例子：山西省介休县城后土庙（包括真武庙、三官祠）、三清观、吕祖阁、关帝庙、火神庙等数座庙宇集中建在一起，互相依存。后土庙和三清观在建筑上彼此前后相连，三清观的正殿就是后土庙戏台的脊背。在后土庙的东边又有并排的三座庙宇，自西向东依次为吕祖阁、关帝庙、火神庙，每一座庙前都有一座戏台，形成并列三联式。可以想象，一年中各个庙宇里神诞香火不断，演戏此起彼伏，情景极其热闹。

山西临汾市魏村牛王庙元戏台之二

几座神庙并列而立，同时在神殿对面又并列地建筑几座戏台，这种情景在民间也十分多见。二联台的形式如河南省禹县神垕镇伯灵翁庙（祭孙膑，为瓷窑之祖）和关帝庙并列，各有戏台一座，彼此以墙隔开。三联台的形式如山西省运城市盐池庙，明建大殿为并列三间，大殿对面的戏台也是并列三座。又有“品”字形戏台，即三座戏台互相叠立，构成“品”字形，如山西省万荣县后土庙戏台。

人们常常利用地形来结构神庙剧场的观赏空间。例如山西省河津县九龙头山顶峰的真武庙，根据庙院落差形成三级观看场地，第一级为戏台前面的平地，为男人们站立观剧的场所；第二级为戏台和神殿之间的台地，供老幼妇孺摆放凳子观看处；第三级为神殿处的高台地，是乡绅等有身份的人观剧的地点。又如湖南省长沙县朗梨镇陶公庙，除了拥有宽敞的戏坪以外，又沿山坡修砌了四十八级石阶到达山顶，构成一个能容上万人观看的巨大场地。四川省灌县二王庙依山傍坡建造，也充分利用了地形。

山西石楼县殿山寺村圣母庙元戏台

山西石楼张家河圣母庙元代戏台

有时候由于地形或者经济因素的限制，又可以多座神庙同时利用一座戏台。例如山西省介休县板峪乡龙天庙、关帝庙和纯阳宫之间有一座戏台，就是供这三座庙宇演戏用的。龙天庙和关帝庙同处南北轴线上，中间隔以戏台。戏台的顶棚完全靠木柱撑起，周围镶嵌木板作为临时墙壁，龙天庙居北，演戏时就打开北面的板墙作为台口，关帝庙居南，演戏时就打开南面的板墙作为台口，台底有砖券门洞沟通两座庙。纯阳宫坐落在戏台东部的坡顶上，演戏时就打开东面的板墙作

山西翼城武池村乔泽庙元戏台（1278或1324）

山西翼城武池村乔泽庙元代戏台后世变迁示意图

为台口，神居高临下观看。更有甚者，台西为一河道，当地曾计划在河对面建河神庙，而利用戏台西部为河神演戏，但没有实现。所以现存戏台西壁用砖垒砌成唯一的一面固定墙壁。山西省繁峙县东庄村三圣寺戏台处于院落正中，两面都有神殿，戏台中部用格扇分为南北两半，两面均可敞开为台口，向北一面朝向关帝殿，向南一面朝向圣母殿，哪一座殿唱戏了，就把另一面封上做戏房。

山西临汾东羊村东岳庙元戏台（1345）

山西临汾王曲村东岳庙元戏台

山西翼城曹公村四圣宫元戏台

山西永济董村三郎庙元戏台（1322）

山西万荣四望乡后土庙元戏台

山西翼城樊店村关帝庙明弘治八年（1495）戏台

河南禹县神垕镇伯灵翁庙明弘治八年（1495）戏台

山西太原晋祠明建水镜台戏台

明应王殿山门戏台

山西沁水县城玉帝庙明代戏台

福建莆田瑞云祖庙明代戏台

山西介休后土庙明代戏台

山西稷山南阳村法王庙明代戏台

总之，明清时期神庙以及戏台的构建形式多样，布局歧异，一个总的思路就是要合理地利用地形地貌，并根据兴工群众的期望和实际经济力量，来决定选择什么样的建筑样式。

随着戏曲艺术形式的独占舞台和朝着高、精方向的不断完善和发展，它对于演出的准备工作就提出了越来越多的要求，与之相联系的是，戏台建筑越来越重视后台的设置。元代戏台照例仅仅是一个方形台子，它在建筑时只考虑了演出需要而很少顾及演出准备工作的需要。明清戏台则不同了，它的主体结构都由两部分组成，一是前台，一是后台，而在建筑平面上进行了多种多样的变形尝试。

戏台平面的变形主要结合后台（戏房）的不同设置方案而发生相应变化。例如：

一、双幢竖连式。前后连接两重建筑，前一重为台口，后一重为戏房，二者共同构成一个完整的戏台。其典型样式见山西省晋祠水镜台戏台。该台规模宏伟，雕饰藻丽，创建年代虽不详，但从其建筑形制看，应该是明代建筑。其结构为戏房加

明刊本《鼓掌绝尘》插图庙戏演出《千金记》场面

台面式，戏房为重檐歇山式屋顶，戏台为单檐卷棚式屋顶。其台面长1730厘米，宽600厘米，戏台变成了横宽竖浅的情况。水镜台西北数十米处又有一座关帝庙戏台，形制与水镜台近似而略小，大概是模仿它而建。

二、台口前凸式戏台。在双幢竖连式戏台的基础上稍加变动，把前幢建设的面宽缩小，再与后幢连接。一般是第一重建筑建成亭榭式，平面方形，用作表演区；第二重建成殿堂式或房屋式，平面长方形，用作后台，台口面宽较后台为窄，这样就形成前凸式。

明人画《南中繁会图》庙外搭台演戏场面

三、三幢并连耳房式戏台。把竖连式双幢建筑改为横连式三幢建筑，把通常放在后部的戏房挪到台口两侧，就形成此类样式。

实际应用中还有更多的变通，无非是根据地理条件以及对前后台的不同安排而形成各种变化。浙江省绍兴县龙舌嘴戏台横跨在一座桥上，由于地方狭窄，不能建后台，就采取便宜措施，把戏房建在戏台左后方，演员利用梯子上下。又有些戏台不建后台，而利用各种条件来变通，例如有些戏台后部原有楼阁，就把演员化妆室设在楼上，通过上下场门处的梯子进出，浙江省乐清县慎江乡五岳圣帝殿戏台、黄华乡陈府爷殿戏台都是这样。

四川灌县二王庙清代戏台

山西太谷县阳邑镇净信寺清代戏台

神庙里演戏和看戏的具体情形是怎样的呢？观众处于什么位置？有无安置条件？这就是有关神庙演戏时对环境的利用问题。

神庙剧场并不是刚一出现就成为适宜的演出场所的。最初的神庙剧场在建筑设计上并不考虑对观众的安置，其戏台由原有的露台改形而来，其两侧廊房只作为庙体建筑而并不参与戏曲演出活动（但它对戏台所起到的回音共鸣效果却无意中为神庙剧场的构成提供了条件），观众只在庙院里随意站立停留而已。庙里看戏没有地方限制，正殿台阶下、石碑边、卷棚旁都可以站。多数人挨挤在戏台周围，越近戏台的地方越挤。清代小说《歧路灯》第二十一回谭绍闻在大王庙看戏：“我去时，已唱了半截。只见一丑一旦在那里打杂。人多，挤

四川绵阳县刘家乡马鞍寺清代戏台

得慌，又热又汗气，也隔哩远。”就是对于庙戏环境的生动描述。第七十九回世宦公子盛希侨挖苦淡师爷看庙戏的话，更能为我们提供一个逼真的场景：“像你这个光景，论富，你家里没产业，论贵，你身上没功名。即在贵处看戏，不过隍庙中戏楼角，挤在人空里面，双脚踏地，一面朝天，出来个唱挑的，就是尽好。你也不过眼内发酸，喉中咽唾，羡慕羡慕就罢了。”作家用他生花的妙笔，描述出了神庙演戏的具体图画，而我们更可以从诸多明清绘画里看到这种画面形象。

由于神庙演戏人众交杂，为了方便内眷女宾看戏，一些大户富绅把唐代的看棚搬到庙中，排列戏台两侧，神庙剧场就有了临时性的观众看台。当然多数看者还是环立戏台周围。这也成为明代以后一般演出的剧场格局。即使是专为演戏而在野外搭台，也都包括戏台和女台，三面站人。女台是在看棚的基础上发展而来，只是成为妇女的专用品。明张岱《陶庵梦忆》卷六“目莲戏”条说到“女台”：“余蕴叔演武场搭一大台，选徽州旌阳戏子，剽轻精悍、能相扑跌打者三四十人，搬演目莲，凡三日三夜。四周女台百什座。”这百十座女台都是各户人家自己搭设来供观戏用的，它使演出场面更增添了红火的气氛。

大约明代万历年间以后，一些庙宇在建筑结构上做出改造和调整，把两侧的廊房向中轴线靠拢，并改为两层楼房式，两侧转折处分别与戏台和神殿连接，构成四围建筑合绕，中间露出一方天井的布局，完备的神庙剧场就形成了。在这种剧场里演戏，观众可以有一部分人登楼观看（多半是妇女儿童），更多的人则站立在中间庭院里。它的进步之处在于更多地考虑了演出时对于观众的安置，并利用闭合空间来造成更好的聚音和回音效果，使神庙的剧场性大大加强。人们在庙里所进行的主要活动就是演戏（当然仍然保留了酬神的目的），神庙建筑除了正殿以外也大多是为演出而设，有时正殿的构造和规模反而不如戏台复杂宏大。

清代宫廷戏台

清代的宫廷戏台也是明清时期戏台中的重要一类。清代，戏曲演出被提升到国家典礼的层面，凡是皇帝的登基大典、重大的节庆节令，比如正月初一、冬至等都要有宫廷戏曲的演出。乾隆皇帝和慈禧太后都是戏迷，所以在故宫和很多行宫园囿建了很多戏台。目前，紫禁城里留下的戏台有五处，分别是畅音阁戏台、漱芳斋院内戏台（重华宫戏台）、漱芳斋内“风雅存”戏台、倦勤斋戏台和长春宫戏台。其中，规模最大的一处是畅音阁戏台，旧时演出一些祝寿、献祥瑞的戏剧，上下三层戏台上可以同时演出，场面颇为壮观。

一般来说，可以把故宫和其他行宫中的戏台分为三类：

北京故宫宁寿宫“畅音阁”清代大戏台

普通戏台，就是那些在建筑规模和形制上与一般民间戏台区别不大的戏台。如故宫重华宫漱芳斋庭院戏台、北海漪澜堂东侧晴栏华韵里的戏台、南海中央的纯一斋戏台、热河行宫如意洲的“一片云”戏台等。这些戏台，一般是供平时的年节、初一十五等日承应演出时用。

特殊戏台，是指那些建

筑构造特殊的戏台，如故宫宁寿宫畅音阁戏台和寿安宫戏台、热河行宫福寿园清音阁戏台等。这些戏台一般都规模宏伟，工程浩大，常用来演出乾隆以来宫廷御用词臣编纂的连台大戏，在帝后寿诞、婚礼等重大庆贺活动中使用。

小戏台，是平时供帝后饮食消遣时看八角鼓、太平歌、杂耍和素装戏时用的，如重华宫漱芳斋室内戏台，宁寿宫倦勤斋室内戏台等。

清宫三层大戏台的构造和设备十分复杂，它的特殊点在于比普通戏台多出二三重台面，演出时可以在多重台面上同时进行，从而表现复杂的场景。

三层大戏台在明面上建有三层楼阁，每一层楼阁就是一层台面，从上到下分别被称为福台、禄台和寿台。但实际上另外还有一层台面，那就是在底层寿台的后部还建有一个二层台，名为仙楼，也是一层表演台面。这样，三层大戏台实际上就有四层表演区。

四层表演区都有自己的上

清宫南府戏台

北京故宫漱芳斋“风雅存”清代室内戏台

清宫昇平署戏楼院

北京颐和园德和园清代大戏台

承德避暑山庄“清音阁”清代大戏台

下场门，而各层之间又有通路彼此勾连：从寿台上仙楼有明间摆放的四个木制楼梯（称为礓垛）相连，从仙楼上禄台也有两边明间安放的两个礓垛相通，而福、禄、寿三层台面之间又各有隐藏在后台的礓踩相接续。这样，四层表演区就被勾连起来，便于临场时随机应用。

除了礓垛之外，还有一种沟通各层台面之间的设备就是天井。第一层福台和第二层禄台的地板上都开有天井，平时盖合，用时可以打开，人物可以通过天井上下于各层台面之间，表示升天或降落人世。从第二层禄台下通的天井有五个：中间一个大的，四角四个小的，其中前面两个小的和中间一个大的可以下到寿台上，后面两个小的可以下到仙楼上。用来帮助艺人从各台间变化场地——上升或降落的装置为云兜、云椅、云勺或云板。提升云兜云板的机械是升降器，以绳牵引，通过多个滑轮的作用，达到极大的提升力。天井也用于设置神奇砌末。

寿台的台板下又设有地井，一共五个，中间一个大的，四角四个小的。平时地井盖是盖着的，用时打开。地井也可以作为演员的进出通道。一般来说，地井经常作为妖怪、地狱鬼神、龙宫水族的上下场通道。地井里还可以安装喷水设备。利用各台面的调度和机械装置，可以自如地表现神佛鬼魅斗法变化的场面。

除了三层大戏台以外，清宫里的一些普通戏台也建有天井等设备，例如漱芳斋戏台天花板上也有天井，可以下云兜之类的道具。漱芳斋戏台的两重屋檐之间有一层楼阁，专供安置升降设备用。南府戏台也有天井和地井的设备。漱芳斋和南府戏台都建立得比较早，大概都在三层大戏台以前，所以可以把它们的天井地井等设备看作是大戏台的先声。

清宫剧场是中国宫廷演剧的产物，它是在中国传统戏台基础上形成的，来源于民间的神庙戏台，又借鉴了当时城市戏园剧场的构造，而根据皇帝演出的需要，发展到一个更高的阶段。清宫剧场建筑又受到欧洲剧场构造的明显影响，特别是充分体现了中西结合建筑风格的圆明园里建的大戏台，在这方面有着鲜明的象征意义。

北京故宫漱芳斋清代戏台

清宫戏台建筑无论是在使用功能上或是造型美学风格上都达到了中国传统戏台构造艺术的顶峰，它是在戏曲发展到成熟时期为适应戏曲表演的需要而形成的，又反过来对于戏曲舞台艺术实现登峰造极起到了推波助澜的作用。北京舞台上，清前期曾形成昆弋腔——京腔的一统天下，清中叶以后皮

北京故宫宁寿宫倦勤斋室内戏台

清人绘清宫大戏台搭设天棚贺寿演戏图

黄剧又继之而称霸，并逐渐演变为集唱、做、念、打为一体的优秀京剧艺术，其中不能说没有清宫戏台的陶冶之功——京腔十三绝艺人，京剧艺术的先驱程长庚、谭鑫培，都是清宫戏台上的常年出演者，他们的表演艺术都不可避免地嵌入了宫廷戏台造型的影子。清宫戏台可以说是和活跃于北京舞台上的戏曲艺术共消长、同命运的。

水畔戏台

所谓水畔戏台，顾名思义就是那些建在水上或部分建在水上以及建在水边的戏台，常见于江南水乡或皇家宫苑。如中南海的纯一斋戏台，就位于南海中央。纯一斋戏台又名“水座”，建于康熙年间，是帝妃看戏之处。该戏台设两层，下层是戏台；上层为楼阁，台顶中央是方形天花板，打开就是天井。

江南水乡地土狭窄，水汊横支，当地人就利用水边地形构筑水上戏台，一般是将戏台的部分或全部建在水上，台口有的朝向陆地，有的侧向水面，还有完全伸向水面的。看戏的人要么在陆地，要么驾船观看，既便利来往交通，又有了观看处所。

清代焦循在《花部农谭》自序中提到，西湖沿岸经常演戏，他就“携老妇幼孙，乘驾小船，沿湖观览”。太湖之滨也经常演戏，清戴熙芠在《五湖异闻录》中也曾记载，“四方驰名，来睹者不计其数，堵港塞路，热闹已极”。

清代李渔《比目鱼》传奇里也描写到一个水边戏台的情况。其中第十四出“利逼”写戏班旦角刘藐姑和生角谭楚玉商量情死的办法，想趁在晏公庙演戏的机会一起跳水自杀，说是“那晏公的殿宇恰好对着大溪，后半个戏台虽在岸上，前半个却在水里。不如拣一出死节的戏，认真做将起来，做到其间忽然跳下水去”。第十八出“巧会”写谭楚玉得中状元后，携夫人刘藐姑乘船同去赴任，经过当年自杀的晏公庙时，要去拜祭，恰遇自己原来所属的剧团在演戏，就定下一出戏让他们演，“连祭奠晏公都不消上岸，只在舟中遥拜”，把舟泊了，在船头摆上三牲祭礼拜毕，坐在舟中看戏。顺治刊本《比目鱼》传奇附图正有这样两座戏台，演员在台上演戏，岸边和船内都有人在观看。

清顺治刊李渔《比目鱼》插图水畔戏台

浙江省的水畔戏台很多，如绍兴县辣山乡眼光娘娘庙戏台前半个在水里，后半个在岸上。迎架桥张神庙戏台全部建在水里。钟堰庙戏台前、后以及右侧都临水，只有左侧一面靠岸。温州窦妇桥神庙戏台、晏公殿神庙戏台都是一半在水里，一半在岸上，梧埏、白象等处的三港庙、太阴宫、平水王庙、四王庙、老殿、吴山庙以及乐清县的万岙庙戏台，都是面临河流。

康熙三十三年（1694）王翚绘制的《南巡图》第九卷里，画有绍兴府柯桥镇一座搭在桥边的戏台，也是这种性质。戏台搭在庙前临河处，正对庙门，用枋木和席棚搭成，前台三面伸出，后台用席封闭作为戏房，顶部建成仿砖瓦建筑的单檐歇山

浙江绍兴县东安村清代水台

清铜版画天津水畔演戏

式。台上正演《单刀会》，戏台和庙门之间的广场上站满了人观看，前面的站在地坪上，后面的有人站在高凳上，甚至旁边的桥上以及河边泊的船上也都是看众。

水畔戏台的一个特殊用途在于利用水的回声使乐音更加清脆悦耳。扬州寄啸山庄（俗名何园）里的戏台，就建在园池之中，它的周围都是水，只有一道曲桥与旁边的回廊相通。这里唱戏的效果自然就和其他陆地戏台不同。前面提到的中南海纯一斋戏台也是一个类似于何园那样的水台，在它的前面有一个水池，池周环以长廊。梅兰芳曾经在这个台上演过戏，有着切身的感受，他说："在没扮戏之前我在后台外面游廊上闲坐，看到楼台倒影，听着场上的吹打，借着水音很悦耳。我想到《红楼梦》里贾母家宴时叫十番在藕香榭演奏，说借着水音好听，的确水榭式的戏台是有他的特点。"①

① 梅兰芳：《舞台生活四十年》第3集，中国戏剧出版社1981年版，第221页。

会馆祠堂戏台

明代中期以后，随着商业经济的发达，一些大的水陆都市开始出现了会馆的建制，为外地商人在本埠的同乡公会所组建，用以联络乡里感情，并加强自己在当地社会中的经济和政治力量。会馆通常又和神庙结合在一起，用作同乡公人在一起敬神祈福的场所。由上述功用，又导致会馆建筑结构中一定要有戏台，一方面便于献神，一方面也利于联络感情，特别是会馆戏台常常聘请本乡戏班来进行演出，这一重功能就更为显著。

清嘉庆十四年（1808）五月初四，湖南湘潭江西商人建的江西会馆万寿宫从江西聘请了一个戏班来演戏，当地人因为和江西商人发生商业矛盾而在里面起哄，江西人不能容忍，伺机报复。初七日又在万寿宫设戏，引湘潭人来看戏，中间忽然把大门关上，开始械斗，杀死当地土著几十人。湘谭人于是把守水陆要地，见江西人就杀。[①] 这个例子既显示了会馆演戏对于同乡商人的组织和联络作用，也标明会馆

河南开封山陕甘会馆清代戏台

① 见〔清〕光绪年间《湘潭县志》“货殖”十一、“列传”三十二。

河南洛阳市潞泽会馆清代戏台

江苏苏州全晋会馆清光绪五年（1879）戏台

四川自贡市西秦会馆清代戏台

成为同乡商人在外埠的政治力量基地。

明末一些士人笔记里已经透示了会馆里演戏的信息。《祁忠敏公日记》崇祯五年（1632）八月十五日说："出晤钟象台、陆生甫，即赴同乡公会，皆言路诸君子也。冯邺仙次至，姜颛愚再至，余俱先后至，观《教子》传奇，客情俱畅。奕者奕，投壶者投壶，双陆者双陆。"崇祯六年正月十八日说："午后出于真定会馆，邀吴俭育、李玉完、王铭韫、水向若、凌茗柯、李湑磐斋饮，观《花筵赚记》。"二十二日说："即赴稽山会馆，邀骆太和、马擎臣则先至矣，再邀潘朗叔、张三峨、吴于王、孙湛然、朱集庵、周无执饮，观《西楼记》。"祁彪佳反复在各地会馆里看戏的经历表明，当时的会馆演戏已经是十分经常的活动，会馆成为当时演剧场所中很重要的一种。

清代著名的会馆戏台可以四川省自贡市自流井西秦会馆戏台和河南省社旗县山陕会馆戏台为代表。二者都是建筑规模极其雄伟，结构复杂、工艺精湛、风格独特、气魄宏放。前者创建于乾隆元年（1736），为一过路式戏台，戏台建于会馆大门之上，共有三层台面，其屋檐反翘举折极大，造成飞动之势，带有显著的南方风格。会馆两侧是双层厢楼，一头连接戏台，另一头连接正厅，构成严密的四合

天津广东会馆清末戏园

院落式样的长方形剧场。后者建于嘉庆元年至道光元年（1796～1821）之间，历时二十三年，其戏台建为高楼式，歇山三重檐屋顶，前台口二柱之上复添一单檐歇山顶，共同组合成一复杂壮阔的结构，屋顶举折平缓，显得华贵厚重，显示了典型的北方风格。戏台两侧并列相同式样的歇山重檐钟鼓楼，造成组群建筑效果。台前为宽阔的空场用于看戏。

会馆里的剧场建筑也和其他剧场一样，有一个形制不断演进发展的过程，它的变化总是与中国古代剧场的整体演变相吻合。最初，会馆里的看戏场所是神庙戏台式建筑，仅仅在会馆中央正殿前方搭设一座戏台，面向正殿里设置的神像演出，其功能类似于神庙里的对神唱戏。后来逐渐把两厢变成看楼，看楼慢慢延伸，形成四合式，一个封闭空间的露天剧场就形成了。再后来在上面加盖顶棚，就发展为茶园式的大厅厢楼剧场。

明代以后，社会制度允许村镇士庶营建祖庙，于是各地的宗祠大量出现。宗祠是同姓家族祭奠祖先、议事聚会的地方，也和会馆一样在其中建立戏台，供祭礼和娱乐演出用。例如《祁忠敏公日记》崇祯十一年（1638）十二月二十一日说："于

河南周口市山陕会馆清代戏台

河南社旗县山陕会馆清代戏台

宗祠给赡族银，老母演戏谢神，督工之暇，观《白梅记》。”就是明人在宗祠看戏的记载。又如乾隆十八年（1753）浙江水澄《刘氏家谱》“宗约杂戒”记载：崇祯甲戌“旧规：遇大庆，宴会于家庙。聚客七八十人。非梨园，不镇嚣压俗”。说的是宗祠（家庙）祭祀盛典时，因为人多，一定要借演戏来维持安静、满足人心。清代宗祠演戏不绝，如光绪十九年（1893）浙江萧山《长巷沈氏续修宗谱》卷三十四“宗约”条记乾隆六年（1741）事：“于秋祭日，宗祠前演戏两台。”又如民国十年（1921）浙江绍兴《义门陈氏宗谱》卷三《释慧山为本生祖先设立祀产碑记》（1736）有：“冬至节，在大宗祠前演戏一台。”宗祠制度的实行在长江以南诸省比较多，所以乾隆初期江西巡检陈宏谋曾经说：“直省惟闽中、江西、湖南皆聚族而居，族皆有祠。”又《仁和汤氏义田记》说：“吴、楚、闽、粤山泽乡邑之间，族聚者常千百人。”[①]今天保存宗祠戏台比较多的省区有江西、浙江、湖南、广东、福建等处。宗祠戏台的建造形式类似于会馆戏台，通常也是在四合院内架设一座台子供演戏用，正房、厢房和庭院则用作观看场地，只是其规模一般比会馆戏台小。

① ［清］贺长龄《皇朝经世文编》。

史论卷

第二章

戏曲美术类

美术类的戏曲文物多种多样，可以按照戏曲发展的历史时期来分，也可以按照文物所表现的题材来分，还可以按照工具材料来分。为论述方便，笔者将采取历史分期与艺术形式相结合的方法，把宋元之后的戏曲文物按照艺术形式分为绘画和雕塑两大种类；在这两类之下，我们以工具材料为标准再做详细区别和划分；最后在论及具体每一类文物时，基本还是依从纵向历史分期的方法。

山东临沂金雀山9号西汉墓帛画角抵

第一节 戏曲绘画类

传世绘画

清人临本《清明上河图》神庙塔台演戏图

中国古代绘画艺术发展到宋代，产生了一个巨大的变化，就是在表现题材上迅速扩大，社会风俗画成了一个重要领域。唐代以前，绘画的主要内容是宗教信仰和皇室贵族的上层社会生活。到了宋代，花鸟画、山水画、界画、道释人物画等方面都取得极高成就。北宋末南宋初，以繁复丰富、五花八门的市井生活和农村生活为对象的风俗画渐趋发展，独树一帜，成为宋代绘画的一大收获。此类风俗画比较著名的如卫贤的《闸口盘车图》，王居正的《纺车图》，张择端的《清明上

古画《盂兰盆会》

河图》，苏汉臣的《秋庭戏婴图》《杂技戏孩图》，李嵩的《货郎图》，朱锐的《盘车图》，阎次平的《牧牛图》和无名氏的《耕织图》《耕获图》《柳荫云碓图》《江天楼阁图》，燕文贵的《七夕夜市图》，李唐的《灸艾图》等。而当时的市井戏曲文化生活，也成为这些画家的表现对象，一应说唱、技艺、杂剧、爨弄、民间社火、傀儡影戏，在宋代风俗画中都有反应。如见于记载的高元亨的《从驾两军角抵戏场图》《大傩图》等。

随着绘画题材向世俗化方向的发展，宋元时期的人物画在反映现实生活中有了大幅度的进步。唐代以画重大历史事件和贵族生活为主，到了宋代，扩展到描绘城乡市井平民生活的各方面，而且开始为伎乐优人画像，走过了一条日趋世俗化的道路。为优人歌伎写真，在南唐顾闳中《韩熙载夜宴图》里已经露出端倪。宋元时期为艺人歌伎写真风气甚浓，这从时人的文学吟咏里常常透露出来。南宋诗人范成大曾戏题赵从善家琵琶伎画轴，词人张炎也有为戏

宋阙名《杂剧图》

宋阙名《眼药酸》杂剧图

宋无款《影戏图》

曲艺人褚仲良写真填写的【蝶恋花】词“题末色褚仲良写真”。后者这样写道：济楚衣裳眉目秀，活脱梨园，子弟家声旧。诨砌随机开笑口，筵前戏谏从来有。从词中文字可以看出，这应该是当时一位画家为走红的杂剧演员画的肖像画。而著名的“丁都赛”画像砖的底本，即应为此类写真肖像。后世的宋杂剧绢画，亦借助于写真笔法。

宋李嵩《骷髅幻戏图》悬丝木偶

即便如上所说，宋代所开创的社会风俗画已经出现了戏曲题材，但由于受传统绘画观念束缚，直到明万历以后，随着戏曲版画的盛行，涌现出一批为戏曲版画绘制底样的画家，如仇英等。在这种风气的影响下，少数成名文人画家也偶尔涉及戏画，其内容主要是歌咏著名的戏曲故事和人物。例如传为仇英和文征明合作的《西厢记》图册，仇英作画，文征明小楷书写元人王实甫《西厢记》杂剧曲词，计有图二十幅，每图附曲词一页，分别题为“佛殿奇逢”“僧房假寓”“墙角连吟”“斋坛闹会”“慧明寄简”“红娘请宴”“夫人停婚”“英英听琴”“锦字传情”“妆台窥简”“乘夜逾墙”“倩红问病”“郑恒求配”“尺素缄愁”“月下佳期”“堂前巧辩”“长亭送别”“草桥惊梦”“泥金捷报”“衣锦还乡”。尽管此册页可能为后人伪托，但绘画风格的恬淡空灵，笔法的工稳细腻，都透示出绘者非同凡响的功力和技巧。

宋苏汉臣《五瑞图》儿童杂剧

宋苏汉臣《五瑞图》儿童杂剧（摹本）

明清时代，戏曲繁盛，画家们在用绘画表现社会生活时，经常采用戏曲演出场景来点缀繁华。例如明代《南中繁会图》《南都繁会景物图卷》等，都是表现南京都城景观的绘画；清代徐扬所作以苏州城内外山水街巷景观为题材的《盛世滋生图》，里面都有戏台围观的场景出现。至于宫廷画师们为康熙、乾隆皇帝和太后们绘制的诸多千秋万寿图，更是根据当时的庆贺活动绘出了大量戏台演出的实景。

清代宫廷里还出现了专门的戏画，其作者都是宫内御用画师。这些画师不像

宋刘松年《傀儡婴戏图》

宋苏汉臣《百子嬉春图》影戏图

明人绘围帐杖头木偶演出场面

德国科隆博物馆藏明彩绘《西厢记》

清王翚等康熙三十三年（1694）绘《康熙南巡图》局部

清乾隆《万寿盛典图》戏班供奉演出场面

清乾隆七年（1742）丁观鹏绘《太平春市图》木偶戏

清《乾隆御题万寿图》戏班供奉演出场景

清刘阆春绘农村演戏图

清徐扬《盛世滋生图》乡间戏班演出场面

清徐扬《盛世滋生图》堂会演戏

清沈容圃绘《同光十三绝》

清徐扬绘《南巡图》杭州水畔演戏

清钱廉成绘布袋木偶戏图

清人绘搭台演戏图

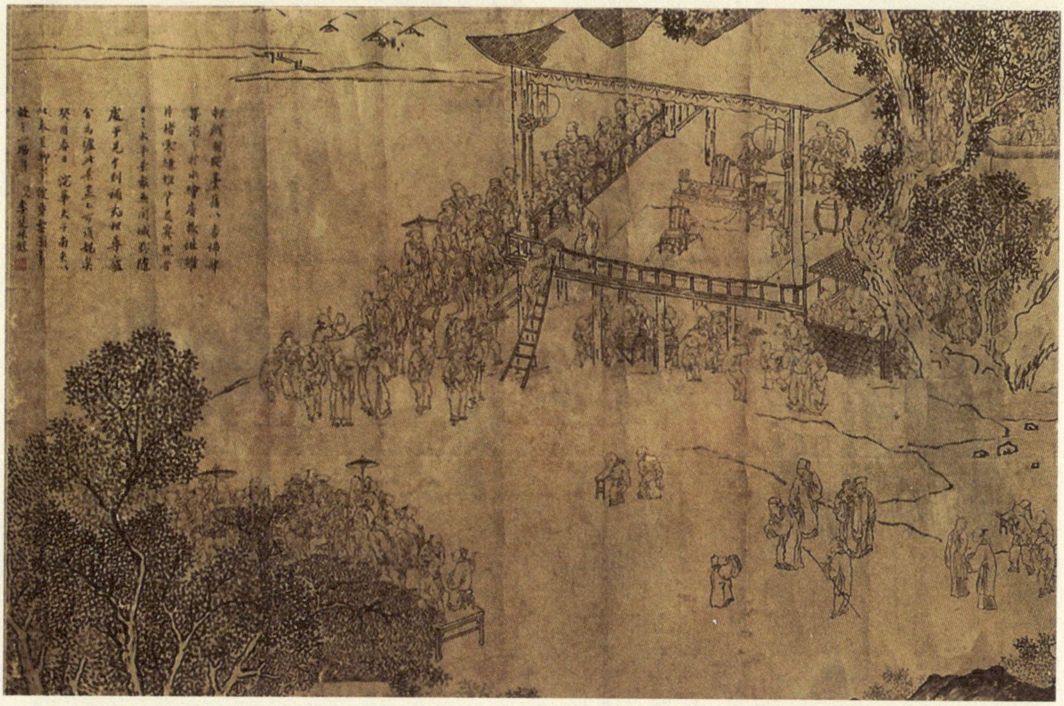

清人绘《社戏图》农村戏班演出场景

清人绘《香林千衲图》中戏台

清无名氏《白罗衫·贺喜》戏画

清顾见龙绘花鼓演唱图

清人绘《喜庆图》木偶戏

清人绘《金瓶梅词话》六十三回插图戏班堂会演出《玉环记·玉箫寄真》场面

清人绘《旧京社戏图》“五虎一堂”

清人绘《旧京社戏图》“秧歌一堂”

清人绘《旧京社戏图》“杠箱老会”

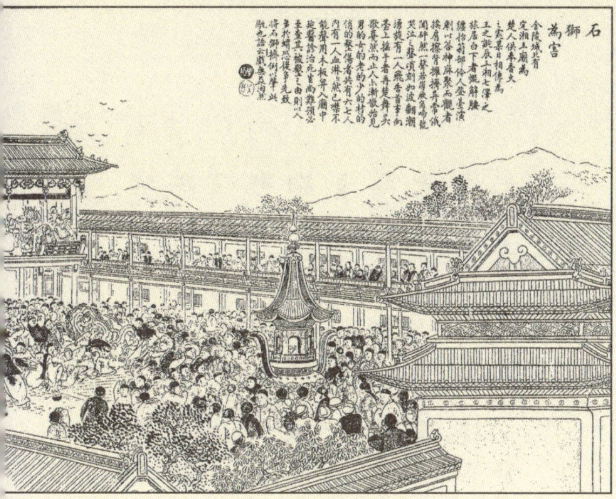

清《吴友如画宝》绘南京定湘王庙演戏图

清《吴友如画宝》绘宁波东殿庙大春台京班与观众冲突图

清《吴友如画宝》绘女戏班装扮图

清刊《江南铁泪图新编》庙台演戏图

清人绘《北京民间风俗百图·打连厢》

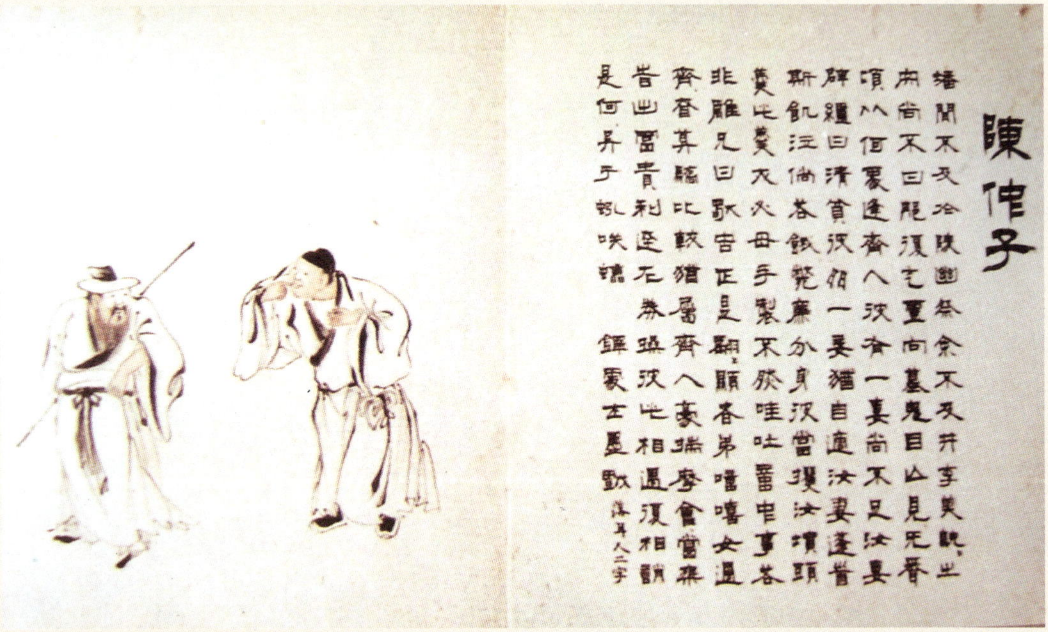

清宣鼎绘《三十六声粉铎咏》之“陈仲子”

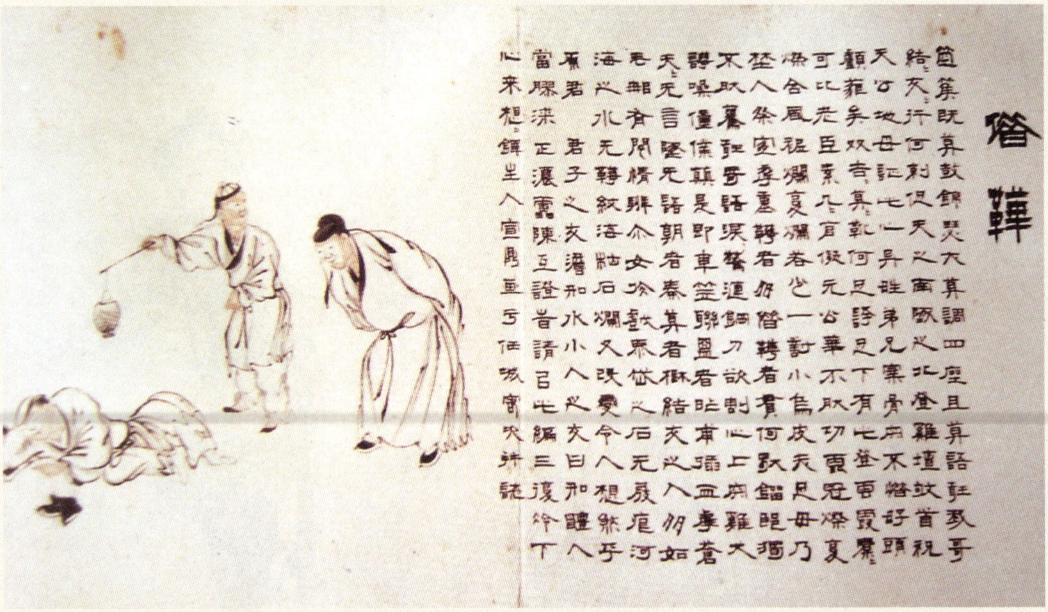

清宣鼎绘《三十六声粉铎咏》之“借靴”

文人画家那么清高，他们往往会根据帝王的口味和喜好，或是遵照旨意，画了很多戏出绘画。这些宫廷戏曲画是描绘晚清宫廷戏曲演出场景的画作，绢本，工笔，设色。

现存的清代宫廷戏画共有三种：一封面题为《性理精义》，两册，共一百幅。绢本，工笔设色。每幅约高40厘米、宽28厘米。画的内容有《群英会》《打金枝》《骂曹》《庆顶珠》等四十四出戏。每出戏画两幅，间或有画4～6幅的。每幅画剧中主要角色一人，全身。画面下角书剧中人物名。每两幅画的前一幅，在上角写明剧目。

第二种是封面题为《戏出画册》，四册，共一百六十幅。绢本，工笔设色。每

清《性理精义》扮像谱《草庐记》（《七星灯》）

清《性理精义》扮像谱《三关记》(《五台山》)

清《性理精义》扮像谱范文若《鸳鸯棒》(《红鸾禧》)

清《性理精义》扮像谱笔花主人《摘缨会》（《绝缨会》）

清《性理精义》扮像谱朱云从《龙灯赚·杀驿》

清《性理精义》扮像谱严铸《蝴蝶梦·扇坟》

《性理精义》扮像谱无名氏《通天犀》（《白水滩》）

清《性理精义》扮像谱梆子腔戏《庆顶珠》

清《性理精义》扮像谱梆子腔戏《琼林宴》

清宫戏画《性理精义》之一《红梅记·打花鼓》

清《性理精义》扮像谱《忠义璇图·蜈蚣岭》

清宫戏画《性理精义》“骂曹”

清《性理精义》扮像谱《五雷阵》

幅约高56.5厘米、宽56厘米。画的内容有《铡美案》《断桥》《除三害》等近百出戏。每幅画一出戏的一个场面，角色多寡不等。下角写明剧目。剧中人物名分别写于靠近角色的画面空隙处。

第三种封面题为《清人戏出册》，一册共十五幅，绢本，工笔设色。每幅约高56厘米、宽56.5厘米。画的内容有《斩子》《空城计》《取荥阳》等十四出戏。每幅画一出戏的一个场面，角色多寡不等。下角写明剧目。剧中人物名分别写于靠近角色的画面空隙处。

此外，还有一种戏曲人物画，原存升平署，辛亥革命后从宫中流散出去，中国

清宫戏画《彩毫记》（《醉写》）

清宫戏画《草庐记》（《七星灯》）

清宫戏画《翠屏山》

清宫戏画《虎符记》（《战太平》）

清宫戏画《千金记》（《十面》）

清宫戏画笔花主人《摘缨会》（《绝缨会》）

清宫戏画范文若《鸳鸯棒》（《红鸾禧》）

清宫戏画《清忠谱》（《五人义》）

清宫戏画《御林郡》

清宫戏画文场戏《造箭》

清宫戏画徐石麒《胭脂虎》

清宫戏画《海潮珠》

清宫戏画《殷家堡》

清宫戏画武场戏《赵家楼》

清宫戏画弦索腔戏《探亲》

清宫戏画《叭蜡庙》

清宫戏画陈二白《双官诰·教子》

清宫戏画《古柏堂传奇·打面缸》

清宫戏画《玉龙封官》

清宫戏画唱工戏《玉堂春》

清宫戏画朱云从《二龙山》

.清宫戏画《柴桑口》

清宫戏画《一捧雪·审头刺汤》

清宫戏画《陈塘关》

清宫戏画《铡美案》

清宫戏画《白蛇传·断桥》

清宫戏画无名氏《梅玉配》

清宫戏画《断密涧》

清宫戏画《阴审》

清宫戏画《白良关》

清宫戏画《一捧雪》

清宫戏画《彩楼配》

清宫戏画《击掌》

清宫戏画梆子腔戏《法门寺》

清宫戏画民间小戏《打连厢》

清宫《戏出画册》“骂曹”戏画

清宫戏画《探母回令》

清宫戏画梆子腔戏《庆顶珠》

清宫戏画《昊天关》

清宫戏画梆子腔戏《摇会》

清宫戏画《升平宝筏·女儿国》

清宫戏画《恶虎村》

清宫戏画《九莲灯》（《审刺客》）

清宫戏画《拿花蝴蝶》

清宫戏画《白烽台》

清宫戏画《昭代萧韶·探母》

清北京戏画秦腔戏《查关》

清宫戏画《盗魂灵》武打

清宫戏画《法场换子》

清宫戏画《二本五花洞》武打

清宫戏画《麒麟阁》（《三挡》）

清宫戏画《升平宝筏·通天河》

清宫戏画《白绫记》

清宫戏画《临潼山》武打

清宫戏画《忠义璇图·贪欢报》

清宫戏画高腔戏《青石山》

清宫戏画乱弹腔戏《穆柯寨》

清宫戏画《御果园》武打

清宫戏画《除三害》

清宫戏画《三岔口》武打

清宫戏画乱弹腔戏《五雷阵》

清宫戏画《霸王庄》

清宫戏画乱弹腔戏《斩子》

清北京戏画《龙虎斗》

清宫戏画梆子皮黄腔戏《让成都》

清宫戏画《打墩》

清宫戏画《定军山》

清北京灯戏画《八大锤》

清宫戏画《忠义璇图·打擂》

清宫戏画《打金枝》

清宫戏画《打盖》

清宫戏画《探窑》

清宫戏画《头进宫》

清宫戏画《五毒传》

清宫戏画《五郎出家》

清宫戏画《乌盆记》

艺术研究院戏曲研究所、北京图书馆、首都博物馆及私家均有收藏。其数量不详，当有数百幅。绢本，工笔设色。每幅约高27厘米、宽21.5厘米。画的内容有《取荥阳》《艳阳楼》《青龙棍》《玉堂春》等近百出戏。每出戏画2～8幅不等。每幅画一人，画的都是大半身。画面上角书剧中人物名。每出戏的一组画中，其第一幅上角写明剧目，下端有一行小字：穿戴脸儿俱照此样。1932～1933年《国剧画报》曾连续发表过梅兰芳的藏品，单色影印，题为《升平署扮相谱》。

上述各种戏曲画，均无作者名款和作画年月。从画的剧目来看，都是道光、咸丰

清宫戏画扮像谱武丑武吉

清宫戏画扮像谱文丑太监

清宫戏画扮像谱武生赵云

清宫戏画扮像谱正旦萧太后

清宫戏画扮像谱贴旦韩氏

清宫戏画扮像谱老旦佘太君

清宫戏画扮像谱大面项羽

清宫戏画扮像谱老生纪信

清宫戏画扮像谱小旦八姊

清宫戏画扮像谱小生李世民

清宫戏画扮像谱三花脸遂和

以来北京的徽班常演的戏。据升平署档案，这些戏进入宫廷，是从咸丰年间开始的。在此之前，宫中演戏只限于昆腔和弋腔。因此，这些画册也当是咸丰以来陆续画成的。从画的风格来看，当出于内务府如意馆画士们之手。在如意馆的日记档案中，有“著沈振麟画戏出人物册页十八开”的记载。咸丰以来，把徽班调进宫廷演出，使宫中耳目一新，所以命如意馆画出以供观赏。沈振麟于道光中期入如意馆当差，一生都在宫中作画。沈氏家族沈元、沈利、沈贞、沈全等也在如意馆。这些戏曲画的风格大体相近，然其水平却有高下之别，很可能是包括沈振麟在内的一群画士分头完成的。这些画幅不署作者名字，是因为如意馆的画家们对两类作品照例不署名：一类是帝王后妃像，不准署名；另一类是小说插图、戏出人物，他们认为属于“小道”，不屑于署款。这些戏曲画对于人物扮相，包括生、旦化妆，净、丑脸谱，盔头服饰，以及桌椅砌末等，都画得很细致、真切，甚至可以对照出故宫所藏的某些戏衣实物来。其中

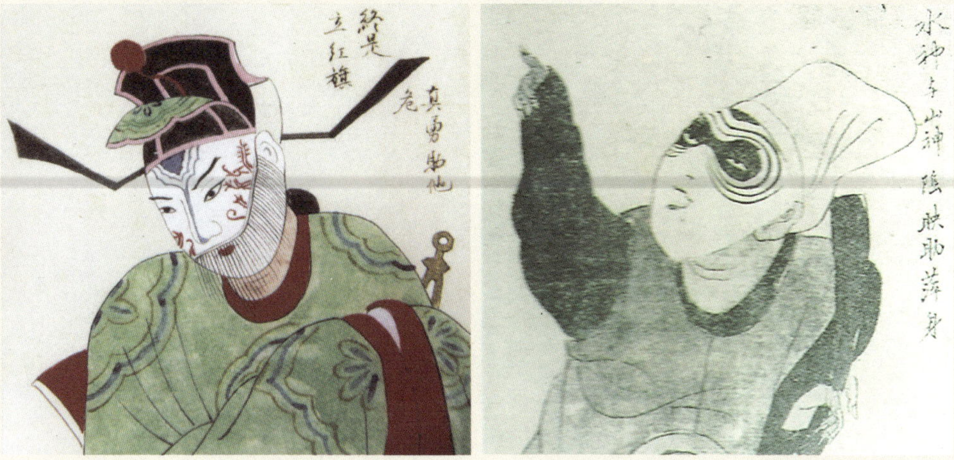

日藏中国明清戏曲扮像谱

缀玉轩旧藏戏画《虹霓关》(左起:时小福饰丫鬟，梅巧玲饰东方夫人，陈楚卿饰王伯党)

缀玉轩旧藏戏画《群英会》(左起:程长庚饰鲁肃，徐小香饰周瑜，卢胜奎饰诸葛亮)

清北京灯戏画《取南郡》

注明“穿戴脸儿俱照此样”的一类戏曲人物画，很可能是给清宫的演剧太监们（称为“内学”）作为装扮范本之用。

宫廷绘画的绘制有着演出范本的直接实用目的，但戏画本身却有其自身独立的审美价值，当民间画家也来进行这方面工作的时候，他们的作品——戏画就成为一种民间艺术品。清末到民国不断有人绘制了类似的戏曲场面画，至今存世，其手法与戏曲年画和宫廷戏画接近，内容则表现当地的流行声腔剧种和盛演剧目。例如清代道光、咸丰年间苏州李涌绘制的昆曲折子戏图八幅，同治五年（1866）宣鼎绘制的昆曲折子戏《粉铎图咏》三十六幅，清末和民国北京民间艺人绘制的皮黄戏出等等。这些戏画和民间戏曲年画的绘制手法接近，它们彼此吸收模仿，相得益彰。

民间戏画还经常采用灯画的形式。灯画是一种传统社会的一种民俗工艺品，陕

清北京戏画丑戏《绒花计》

清北京戏画弦索腔戏《小上坟》

清北京戏画《黄鹤楼》

清北京戏画《草庐记》（《七星灯》）

清北京戏画《莲花湖》

清北京戏画高腔戏《蜈蚣岭》

清北京戏画《断后》

清《升平宝筏·无底洞》戏画

缀玉轩旧藏戏画《思志诚》

西、山西、河北、山东等北方地区民间年间喜在大门前挂一方灯，灯上有画，照明且好看，内容丰富多彩，有戏剧人物、历史故事、吉祥物等。南方地区如江苏、广东、福建等地民间亦有此习。灯画一般四盏为一堂，每盏四面，共十六幅，也有二十四盏或更多为一堂的。除了手绘之外，也有木版刻印的灯画，现在的河北武强、山西南部、山东等都还有清代木版戏曲灯画保存。

灯画的内容，早期多是山水花鸟，到了清代中叶，因为戏曲和小说盛行，灯画中大量出现了如《贩马记》《一捧雪》《水浒》《聊斋》《红楼梦》一类的戏曲小说题材。这类灯画常是画故事的全部情节，引人逐盏看完，直到故事终了。

苏州昆曲博物馆藏清李涌绘《连环记》昆曲戏画

民国北京民间画师作《目连救母》戏画

民国北京戏画《赤壁鏖兵》

民国北京戏画《焚绵山》

民国北京戏画梆子乱弹腔戏《蝴蝶杯》

民国北京戏画《红鸾禧》

民国北京戏画《女强盗》

民国北京戏画《黑驴告状》

民国北京戏画《昭君出塞》

灯画中除了戏剧故事灯画之外，还有一些“戏出灯画”，就是根据每出剧目绘制的戏曲场景。这些戏出灯画有的是木版刻印，如河北武强、山西南部、山东等地都有清代木版戏曲灯画保存；有的是手绘，清代北京民间画家就曾画有昆曲、高腔和秦腔等灯画戏出若干幅。

清北京灯戏画盛继时《胭脂雪》

清北京灯戏画无名氏《铁弓缘》

清北京灯戏画弦索腔戏《磨坊串戏》

清北京灯戏画《罗成显魂》

清北京灯戏画《恶虎庄》

清北京灯戏画《恶虎村》

清北京灯戏画《敬德闯朝》

壁画

长沙马王堆1号西汉墓帛画巫神图

壁画，墙壁上的艺术，即人们直接画在墙面上的画。作为建筑物的附属部分，它的装饰和美化功能使它成为环境艺术的一个重要方面。壁画为人类历史上最早的绘画形式之一。中国古代壁画多集中于宫廷殿堂和佛寺道观两种地方。

秦汉时期的壁画以宫殿寺观壁画和墓室壁画为主。秦汉时代的宫殿衙署，普遍绘制有壁画，但随着建筑物的陆续消亡几乎丧失殆尽。1970年代发现的秦都咸阳宫壁画遗迹是我们首次看到的秦代宫廷绘画。秦代的墓室壁画遗迹，迄今尚未发现。但是汉墓壁画的发现，则早在1920年代初就开始了。洛阳八里台空心砖壁画，是有关西汉墓室壁画的首次重要发现。除此之外，已发现的重要的壁画墓和墓室壁画有河南洛阳西汉卜千

甘肃敦煌莫高窟唐156窟《宋国夫人出行图》壁画乐舞杂技

内蒙古和林格尔东汉墓百戏壁画

内蒙古和林格尔东汉墓壁画对舞

秋墓壁画、西安的墓室壁画《天象图》等多处，它们分别描绘了有关天、地、阴、阳的天象、五行、神仙鸟兽、一些著名的历史故事、车马仪仗、建筑及墓主人的肖像等，含意复杂，但大多是表现墓主人生前的生活以及对其死后升天行乐的美好祝愿，希望死者在艺人们营造的地下世界里享受富足的生活。

河南密县打虎亭2号汉墓百戏壁画

隋唐时期敦煌莫高窟的壁画题材范围变得更加广泛，场面宏大，色彩瑰丽，无论是人物造型、风格技巧，以及设色敷彩都达到了空前的水平。壁画的创作中大量出现净土经变画，如西方净土变、东方药师变、维摩诘经变、法华经变等。这些经变壁画往往呈现出盛大的歌舞场面，人物众多、建筑绘制精巧等，使整个洞窟形成一个“净土世界”。除了经变画以外，还有说法图、佛教史迹图画、供养人像等。盛唐以后的经变内容逐渐增多，直接取材现实的供养人像身高日渐增加，占据了洞内、甬道的醒目地位。

在明代，继承唐宋传统的寺庙壁画仍是壁画的主要表现形式，但这一时期的壁画更为规范化和世俗化，也显示出不同宗教和不同教派之间的融合。清代寺庙壁画与宫廷壁画中，最引人注目的是有关现实重大题材的描绘以及民间小说与文学名著的表现。

河南密县打虎亭汉墓壁画角抵

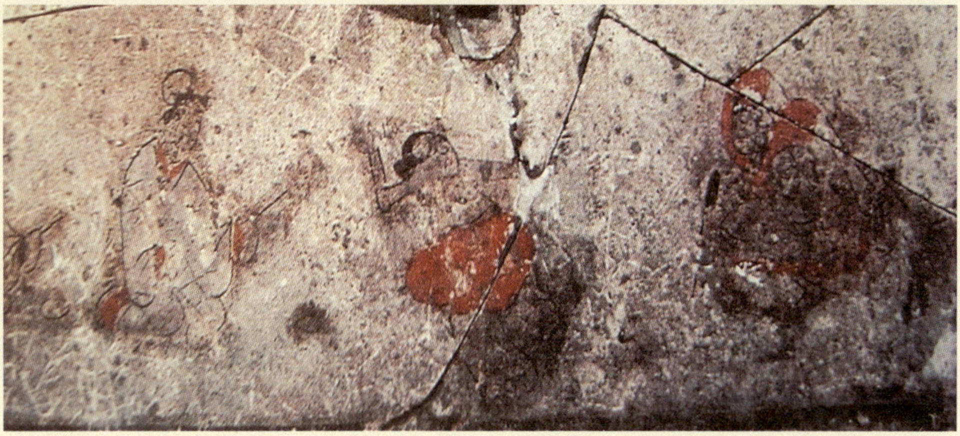

河南荥阳河王村东汉陶楼彩绘对舞

墓葬和宗教祭祀场所中的壁画也多有展现孕育期的戏剧形态。流行于秦汉时期的角抵戏在1959年出土的河南密县打虎亭汉墓壁画中就有所体现。墓中壁画全部为彩绘，总面积近二百平方米。壁画的内容有车骑出行、舞乐百戏、宴饮、角抵等。中室南北两壁分别绘墓主人车骑出行和宴饮百戏图。顶部绘有由芙蕖、方格、卷草组成的藻井，两侧绘有由飘逸的云气和各种神兽组成的象征天上世界的巨幅壁画。壁画场面壮阔，构图谨严，色彩鲜艳。

陕西三原焦村唐李寿墓壁画第三过洞北壁上部伎乐图

汉代角抵百戏中还有一种具备了片段情节的歌舞小戏，最具特点的是河南荥阳河王村水库东汉墓出土的两座陶楼上的彩画。两幅彩画各绘色彩艳丽的男女表演图。图一画以为裸脊追逐戏弄以舞女，女子迅疾逃避，长袖翻飞。图二两人位置颠倒，舞女飞身相扑，男优则仓皇回顾。这两幅图景展现了一个简单的人世故事，具备了一定的冲突，其结构接近于《东海黄公》，有始有终，按照一个事先约定的线索发展。这些表演都带有角抵戏的痕迹，又是后世踏摇娘、苏中郎一类歌舞小戏的滥觞。

墓室壁画在汉唐时期早已广为应用，因此出现于宋金元墓葬里是顺理成章，只是由于砖雕装饰对它形成了冲击，使之不如以前那么兴盛而已。这类壁画墓在建筑结构上常常与雕砖墓大体相同，只是壁间不砌雕砖，而以白粉漫壁，上施彩绘，但额枋斗拱仍用雕砖砌成。墓室壁画的常见内容仍然为戏曲作场、墓主人生活起居等。宋元戏曲壁画墓的盛衰过程也一如雕砖墓，兴起于北宋后期，金承之，至元而衰微。

宋元时期祭祀雅乐多由俗乐（包括戏曲演出）代替，故而神庙壁画里也就出现了优戏场面。例如宋代李新《夸鳌集》卷十六《潼川二顾相公祠重画记》说，他曾于北宋大观初年进二顾祠："周揽四阿，循墙而趋，粉垩图绘，皆作伶官弄臣像。又如元《至顺镇江志》卷八载，县治东北二里有东岳庙，北宋创建，其中"壁画乃大观四年名笔所画，议卫优伶衣冠器杖皆极精妙。"这两处优人壁画都绘自北宋末的大观年间（1107～1110），此时恰恰是宋杂剧兴盛之时。

如果说，这些资料还没有明确指示为优戏演出，那么，南宋范成大《骖鸾录》所记在湖南衡山南岳庙看到的壁画，则是确凿的证据了："自宴乐、优戏、琴奕、图书、弋钓、纫织，下至捣练、汲井，凡宫中四时行乐作务，粲然毕陈。"可惜，

河南新安北宋靖康八年（1126）宋四郎墓杂剧壁画

陕西韩城市盘乐村宋墓西壁杂剧送葬图

陕西盘乐宋墓东壁打莲花落送葬壁画

这些壁画今天都已经无从得见了。

我们偶尔见到的戏曲壁画出现于山西。山西多有寺观，佛教、道教都把这里作为重镇，而它在唐、宋、金、元时期的重要经济、军事、文化地位，以及与长安、洛阳、汴梁隔河相望的地理位置，导致大批名匠巨手往来于大河南北，促进了这一带地区壁画艺术的发展，也培养了当地成批的民间画匠。宋真宗时主持著名道观玉清昭应宫壁画绘制、与武宗元并任左右部长的王拙，就来自山西。山西繁峙县岩山

山西繁峙岩上寺金代壁画影戏图

寺壁画的作者，金朝御前承应画匠王逵则有可能是由北宋画院入金的。著名的永乐宫壁画则有洛阳名工马君祥、襄陵名工朱好古参加绘制。另外，襄陵张伯渊、芮城李弘宜、古新田德新、绛阳张遵礼和刘士通父子、龙门王士彦、洪洞曹德敏、孤峰王椿等，都参加过一些寺观壁画的绘制。

山西繁峙岩上寺金代壁画影戏图摹本

著名的洪洞县霍山明应王殿壁画，则由当地的“绘画待诏”：东安村赵国祥、周村商君锡、南祥村景彦政等人绘制。该戏曲壁画绘于明应王殿南壁东侧，内容为一个散乐班正在登台谢幕的场景。戏台为前台后幕，顶悬“大行散乐忠都秀在此作场”的横批。散乐是元代流行的元杂剧，正中主角“忠都秀”是领班艺名，为女扮男装。画中十一人，从头戴冠饰、脸谱鬓须、服装道具上，可看出生、旦、净、末、丑角色皆备，行当齐全。这是我国目前唯一面积最大、保存最好的古代戏剧壁画，反映出元杂剧在古平阳地区的兴盛，尤为珍贵。当时一些村落画匠能画出如此精妙瑰丽的壁画作品，足见艺术修养之深。

明应王殿元杂剧演出壁画

山西洪洞县明应王殿元壁画假髯

山西洪洞明应王庙元杂剧壁画粘髯眉(一)

山西洪洞明应王庙元杂剧壁画粘髯眉(二)

河南安阳市天禧镇北宋熙宁十年（1077）墓嘌唱壁画

明清之后，由于戏曲更为普及和深入民间，在广布全国各地的乡间庙宇中，戏曲壁画成为一项更为常见的内容。它们的作者多是参与庙宇建筑绘壁工作的民间工匠。这些工匠往往是戏曲爱好者，他们在绘制神佛鬼魅及其世界的时候，也把自己或者当地民众喜爱的戏曲剧目和其演出场景画在墙壁上。这些无名氏的作品成为明清绘画里的一项庞大内容，尽管其艺术价值往往并不高，但却造就了民间文化的一个景观。

山西高平宋开化寺壁画乐舞

民间神庙戏曲壁画作为衬托性的装饰画，一般绘制在庙宇内非主要的壁面上，例如墙壁的斗拱拱眼处、檐底墙面

河南禹县白沙宋墓大曲壁画

.山西平定姜家沟村宋墓大曲舞壁画

北宋墓壁画大曲舞

等。河南省密县洪山庙清代戏曲壁画即绘于大殿斗拱眼壁上，四川绵竹鱼泉寺清代壁画则绘在两廊和一座虚阁的过梁上。类似的戏曲壁画在全国各地的庙宇中经常见到。

神庙戏曲壁画里一个特别值得提出的流派是藏戏壁画。著名的西藏拉萨布达拉宫有两铺藏戏壁画，绘制于17世纪中叶，反映了当时藏戏演出的实况，对于藏戏历史及其服装、面具等艺术成就均有研究价值。其中一铺是藏戏《文成公主》，位于布达拉宫东大殿北墙上。该壁画以通景连环的形式将戏中的各场场景一一排开，由左向右、再由右向左，作“之”字形，依次循序，回环渐进，展示了《文成公主》这出戏的全貌。画中场面人物众多，错综繁复，节奏和效果都显得十分热闹，还可以在画上见到藏戏演出中使用的打击乐器和乐师。另一铺画则为藏戏某一出的特写，绘于东日光殿寝宫前壁。壁画上演员均戴面具，其中一人将面具推在头顶，看得出来这一脚色正在引吭高歌。演员所着网裙也与现代藏戏演员相似。周围还有若干观众，显示是在广场演出。这两铺藏戏壁画色彩鲜艳，线条柔和，保护完好，对于研究藏戏的服装、面具、乐器、舞蹈和故事情节，具有重要的资料价值。

河北宣化下八里村6号辽墓大曲壁画

河北宣化下八里村1号辽墓大曲壁画

河北宣化下八里村5号辽墓大曲壁画

山西平定县西关村1号金墓杂剧壁画

四川绵阳鱼泉寺清《武松打虎》壁画

山西运城西里庄元墓杂剧壁画

山西运城西里庄元墓杂剧壁画执掌记者

山西运城市西里庄元墓壁画副净

山西右玉宝宁寺元代水陆画所绘戏曲艺人

山西右玉宝宁寺元代水陆画才人

山西右玉宝宁寺元代水陆画艺人背杖鼓赶路形象

北京精忠庙清代壁画戏台

河南密县洪山庙清《连环记》壁画

山西右玉宝宁寺元代水陆画戏班赶路图

年画

年画起源于民间岁时在门上张贴门神画像以避凶逐疫的习俗，文献记载可以追溯到汉代。唐代雕版印刷兴起，为年画的流行提供了技术条件。晚明以来，由于民俗对于年画艺术的青睐，它的发展遇到了最佳机遇。而民间年画的内容中，戏曲占有很大的比重。戏曲年画在全国范围内都有刊刻，其中苏州桃花坞、天津杨柳青发展得最为成熟，艺术价值也最高。另外山东潍县杨家埠，四川绵竹，福建泉州，安徽临泉，河南开封，山西晋南，河北武强、芦台等地，也都是戏曲年画的集中刊刻地区。

清代高密年画《香山记》

明万历年间，苏州的雕版印刷十分兴盛，影响到民间年画的发展。大约在明末

清代临泉年画《李白解表》（《彩毫记》）

清杨柳青年画《牡丹亭》

清杨柳青年画范文若《鸳鸯棒》(《棒打薄情郎》)

清初，苏州桃花坞木版年画盛行开来，作品流传各地，并传入日本，对于日本的浮世绘版画产生影响。康熙时英人肯普弗（E. Kaempfer）曾经在日本搜集到不少桃花坞年画，现藏大英博物馆。乾隆时期是桃花坞年画发展的巅峰，当时的年画铺可以考见的就有张星聚、张文聚、魏鸿泰、陆福顺、陆嘉顺、墨香斋、张友璿、季永吉、泰源、张湜临等数十家。嘉庆以后，由于现代西方印刷技术的引进，桃花坞年画的市场受到冲击，不得不由城市转向农村，一方面向农民的审美趣味靠拢，一方面也尽力降低成本，逐渐变得绘雕粗糙，构图平庸，印刷简陋，因而走向了衰落。乾隆年间桃花坞年画主要以风景画为主，戏剧故事画的比重较小，表现的内容大约

清晋南年画《牛头山》（局部）

清维县年画吹腔戏《打樱桃》

清阜阳年画吹腔戏《十字坡》

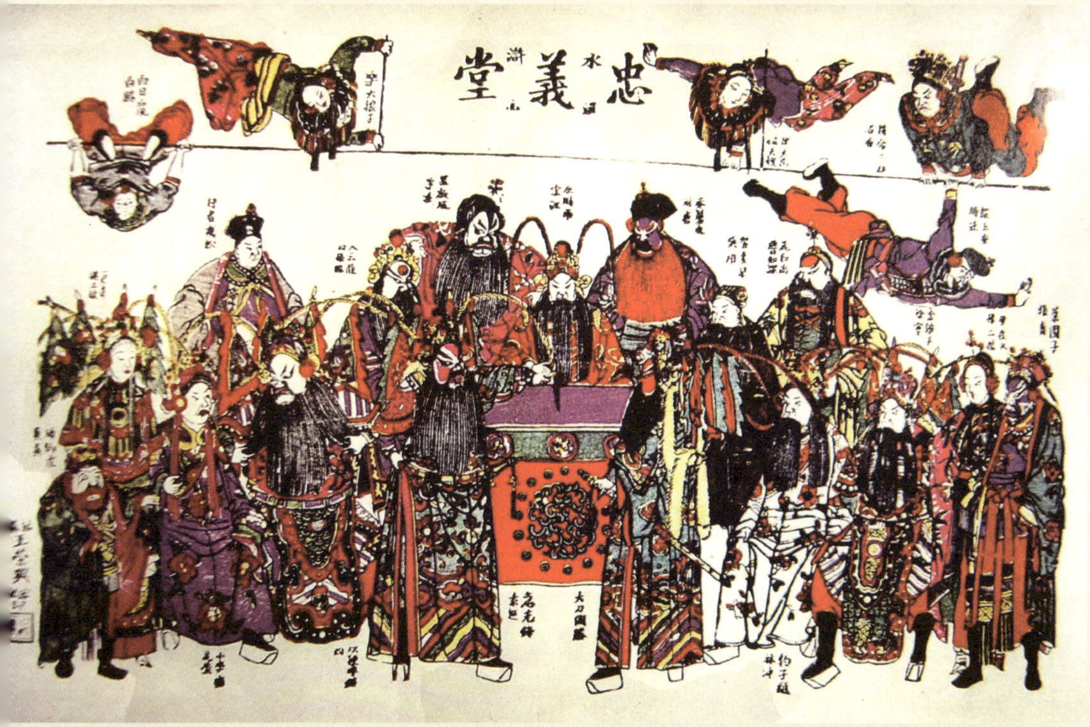

清桃花坞年画《忠义堂》

清朱仙镇年画《对金抓》

主要是昆腔剧目。以后戏剧画日益增多，今天见到大量的清代后期作品，内容则转为以徽戏为主，这是徽戏盛行到京剧产生时期的情形了。

桃花坞后期戏曲年画一个典型的特点是详细描画出剧场的状况，有的画中除了登场人物外，还绘出舞台建筑以及舞台上的全部装置，例如画面两旁各有台柱，柱上悬匾，台上有栏杆、吊灯、上下场门，甚至连舞台上悬挂的广告版及其上面的演出文字都一一记录在案。后期桃花坞年画多用大红大绿的施色，造成强烈的色彩对比，明快简朴，充满了农民的情趣。

天津杨柳青戏曲木版年画产生于明代，清代最早生产年画的作坊有戴廉增、齐健隆两家，最盛的时候，有七千户人家从事此项经营，包括南乡三十一个村庄，民国初期杨柳青周围还有以印制年画为业者六千多人。杨柳青地近京畿，和桃花坞不同，它的销售对象是京、津地区的皇亲贵戚、官家巨富，因此对画品风格的追求注意典雅温润，侧重人物描写，注重绘制技术。其制作工艺首先由民间画师起稿，刻版后用墨

清山东年画《温水泉》

清山东年画无名氏《通天犀》

清山东年画四根弦戏《当堂穿鞋》

线水印或套印，然后组织周围农村绘工进行添彩敷色加工，其颜色中加调白粉，因此给人以素雅、恬淡、调和、文静的感觉，绝不生硬刺目。杨柳青戏曲年画现存较早的产生于乾隆年间，如《盗仙草》《辛安驿》等，为昆曲、京腔剧种的演出剧目。嘉庆到光绪年间的存画众多，大多反映的是梆子和皮黄戏的内容。杨柳青戏曲年画通常不用背景或只有简略背景，而主要绘出剧中人物的当场情态。初期作品人物较少，形象较大，装束与舞台不同。后期作品则常常场景宏大、人物众多，登场人物的服饰脸谱装扮、所持道具砌末、舞台调度以及工架身段等等，都直接仿自实际演出。与桃花坞戏曲年画面对看戏较少的农村购买者，随时需用文字对画面进行解说不同，在极其熟悉戏曲情节的京津民众面前，杨柳青年画常常省略人物标名，这也是它的一个特点。杨柳青戏曲年画式样众多，按照不同的需要来裁截纸张，划分类别，有“贡尖”（整张纸）、“三才”（一张纸三裁）、“对楼”（用两张纸分绘，然后拼接张贴而成一幅）、“四条幅”“八扇屏”“中堂”“横披”以及“炕围”等。画面可以为“单出戏”，也可以是由几个场景组成一出大戏。

河南开封朱仙镇印制年画历史悠久，朱仙镇在宋代为全国四大商业重镇之一，当时的开封已经盛行印卖门神桃符一类年画（见宋孟元老《东京梦华录》），朱仙镇的年画可能即从那时发源。乾隆时期朱仙镇有木版年画作坊三百余家，其中著名的有“天义德”等。今天见到的朱仙镇戏曲年画，内容多为弦索、梆子腔的历史剧目，线条粗犷，色泽艳丽，带有浓郁的农民艺术气息。

清桃花坞年画《花碧莲四望亭捉猴》

河北武强年画始于明朝永乐年间，最早是手工描绘，称“生笔画”，后来改为半印半画，清初则采用木版套色水印。康熙年间有北方民谣说：“山东六府半边天，比不上四川半个川。都说天津人烟密，比不上武强一南关。每天唱上千台戏，找不到戏台在哪边。”所说的“千台戏”就是指戏曲年画。

山东潍县杨家埠最盛时期有一百多家作坊，每年印制年画要用3.6万令纸，村民百分之五十以年画作为副业，同时还要在附近广为雇觅印画工人。潍县戏曲年画以人物为主，辅以简单道具如桌椅等，舞台画面比较净化。除了用一幅画面表现一个戏出场景的以外，还有用四幅、八幅构成连环画式的表现手法，又有把多场次场景集中在一幅画面中，而以山、树、房屋等框范场景空间的。

清绵竹年画无名氏《摇钱树》

山西南部今存七十余块清代戏曲年画雕版，其中一块残版刻有“康熙□年□月”字样，可见当时晋南的戏曲年画印刷已经兴起。其他还有嘉

清光绪绵竹年画《迎春图》社火场面

清绵竹年画《穆桂英》

庆、道光时期的雕版，反映了晋南戏曲年画生产的延续性，清末知道名字的有“益盛成”以及“永宁堡”的年画作坊。

四川绵竹年画也兴起于明代，清乾隆、嘉庆年间年画作坊已达三百余家，分布在县城和城郊西南一带的板桥、孝德、清道、新市、遵道、拱星等乡镇，年画艺人逾千人，而从业人员超过万人。绵竹年画艺人还成立了行会组织“伏羲会”，会址设在南华宫。绵竹年画的品类有门画、斗方、中堂、条屏、案子等，清代中叶时，其产量为每年门神、斗方一千万份，画条二百万份上下，行销云贵、两广、湖南、陕西、甘肃、青海、新疆以及东南亚。其生产店家以梁云鹤画店和傅兴作坊最为著名。绵竹年画里的戏曲部分多以川剧为内容，手法常常是突出人物，略去布景，风格则浓丽柔绵。绵竹年画还有一个特点，即在门画上多用世俗和戏曲人物对子，除了它处常见的秦琼、尉迟恭以外，武将、武生、加官、状元、诸葛亮、薛仁贵、穆桂英等，都成为表现对象，反映了当地人民对于戏曲的热爱。

年画在发展过程中不断彼此交流并发生交叉影响，例如苏州桃花坞年画广为影

清杨柳青年画《渔家乐》(《刘箕走国》)

响了长江下游地区的南京、扬州、上海、南通等城市的年画创作；山东东昌府年画于明末受到河南开封朱仙镇的影响而形成，又给予后来兴盛的山东潍县年画以影响；潍县年画在清代后期又受到天津杨柳青、河北武强年画的影响，而它的兴盛则影响了山东高密、平度等三十几个县的年画。

年画中出现戏曲题材，和戏曲艺术的历史发展进程紧密相关。乾嘉年间，随着徽班进京，戏曲舞台上出现皮黄、梆子和昆腔并行演出的局面，之后花部渐盛，雅部式微，京戏和大量地方戏涌现，并相互融合影响，迎来了中国戏曲艺术发展的又一个高潮；二是此时出现了专门为名伶绘像的画师，此人名叫贺世魁，所绘画作为《十三绝像》，就是把当时十三位唱高腔的名伶画在一幅画面上。

画师选择戏曲人物作为创作题材，这势必影响到那些作为民间美术家的年画艺人，他们也开始在年画中描绘舞台上的戏曲人物和戏曲场面。乾隆四十年（1775）顾光所撰《杭俗新年百咏》记载：欢乐图，花纸铺所卖，四张为一堂，皆彩印戏出，全本团圆。这里所说的“欢乐图”，就是指的年画，而“皆彩印戏出”一句，则不经意点出了戏曲已经进入了年画创作领域这一事实。从此，“戏出年画”逐渐成为中国木版年画的重要题材种类，并因其蕴含的丰富历史文化掌故、传统忠义礼孝等观念，在形式多样、地域谱系丰富的中国传统木版年画中一枝独秀，被誉为“最有学问的年画”。

戏曲年画的共性是“以戏入画”，它在承担一般年画祈福消灾的功能的同时，还兼有娱乐消遣和接续戏曲艺术高台教化的作用。戏曲受时空限制很大，在没有录像技术的时代，一出戏演完了就没法“回放”，如果你想再度欣赏就必须等到下一次锣鼓再响的时候，但戏曲年画的出现却部分地解决了这个问题。年画艺人选择那些名伶们的拿手好戏，当场描摹出这出戏中最精彩的场面，反复修改后画成底稿，然后在木板上刻印而成，经批量印制后进入寻常百姓家，使人们在平常素日就得以欣赏到伶人们优美的身段架势、丰富的表情动作和引人的情节故事，使观者如身临台下，回味无穷。就戏曲年画中经常出现的角色人物而言，我们经常能看到表现打杀场面的长靠武生，这些年画一般都场面声势很大，人物繁多，气氛热烈；而在描绘短打武生戏时，常常是借用戏曲舞台上演员的亮相动作，展现角色瞬间的肢体动作；而对于以唱为主的文戏，则展现演员身段的不多，年画艺人更多通过对角色人物的面部表情做细致描绘，达到传情达意的目的。另一方面，在中国传统的乡村社会中，大多数人不能读书写字，戏曲是道德宣教、文化传承的重要途径之一。但由

清杨柳青年画乱弹腔戏《穆家寨》

清北京年画《大战邓车》

于看戏并非随时随地都能实现，于是当长辈或略通文墨之人面对墙上的年画向大家解说戏中的角色和情节时，那些忠孝节义的观念自然就会进入人们的心中，传统的道德文化教育便通过如此通俗便捷的途径得以世代传承。

戏曲年画作为传统木版年画的一种，自有其共性所在。但是，由于中国疆域广大，各地社会背景差异很大，造成年画地域谱系复杂，戏曲年画在传达共通的主题意趣的同时，又呈现出各自的独立特征。有的甚至是同样的戏曲题材，同样的戏曲场面，但在各地的年画中却呈现出不同的形态和风格，折射出中国木版年画在戏曲题材的选择和处理上文化背景和民俗美学风貌的差异。例如京剧传统剧目《二进宫》在天津杨柳青、山东杨家埠、河南朱仙镇等三处中国年画重镇中都能看到，但表现样式又有所不同，呈现出三地在处理同一题材中的地域化特征。

从画面内容上说，杨柳青版表现的是徐延昭和杨波带将士铜锤击门后涌入后宫，与徐小姐两相对峙、剑拔弩张的情景；朱仙镇版表现的是徐延昭举铜锤欲打奸贼李良、李艳妃抬手阻止的情景；而杨家埠版则选择了徐延昭举锤进入宫殿被女儿徐小姐仗剑阻止的场面。三幅年画选择的戏曲场面都不一样。从繁简程度上说，杨

清杨家埠年画《二进宫》

清杨柳青年画《二进宫》

清朱仙镇年画《二进宫》

柳青版人物众多，除了徐延昭、杨波、李艳妃和徐小姐等主要角色外，还有兵丁将士等五人，若加上宫女以及其怀中所抱幼主，竟有十一人之多。且画面背景复杂，亭台楼阁，深宫大院尽在画中；杨家埠版则相对简单得多，只有徐延昭、徐小姐、李艳妃、宫女和幼主五人。画面无背景，仅有道具一桌一椅；朱仙镇版人物最少，仅有徐延昭、李艳妃、李良和幼主四人，画面无背景，但置花架、书案、玉玺、敕书卷轴、花盆等道具若干。相比杨柳青版，杨家埠版和朱仙镇版都少了杨波这个人物，但朱仙镇版又增加了李良这个人物。三者相比较，杨柳青版画面从人物到背景最为复杂，朱仙镇版稍次之，杨家埠版最简。

从画风上说，杨柳青版人物形象舞台感强，线条流畅自然，造型优美，有浓郁的工笔彩绘意味，并兼宫廷画风之遗韵。而朱仙镇版展现的是一个动态的戏曲场面，杨家埠版则采用了戏曲人物的“亮相”动作，前者人物形象传神，线条简单但不粗疏，以人物神情动作的准确传达、戏剧气氛的完美烘托见长；后者则线条简练粗健，人物布置疏朗匀称，动静结合，疏于修饰的乡野之风浓郁。就画风的细腻工整程度而言，杨柳青、朱仙镇、杨家埠三者依次递减。

画乡的特殊性决定了年画的个性。杨柳青近邻京畿，明清成为南北漕运枢纽码头，是中国北方商贸流通和文化交流集散地，商业繁荣，被誉为北国小江南、沽上小扬州。杨柳青地处京畿要冲，自然也浸染了京城文化，尤其是清代北京成为戏曲中心，花雅并争，戏曲演出繁荣，诸如“戴廉增”等很多大的年画作坊老板，都纷纷派出张竹山、高桐轩、王少田、闫玉桐等名画师赴京看戏。画师们在戏院中边看戏便绘草图，回来后刻图制版，印制年画。正是因为得天独厚的地理位置和人文背景，才使得杨柳青戏曲年画以其细腻传神、工整精巧而在全国众多戏曲年画中一枝独秀。

清平度年画《空城记》

清河北武强年画《空城计》

清福建漳州年画《空城计》

朱仙镇地处河南开封。此地是中国戏曲发源地之一，雕版印刷术发达，这是朱仙镇戏曲年画繁盛的重要原因。此外，朱仙镇年画还有山西平阳年画的文化基因。朱仙镇版的《二进宫》，画面右侧有“天成”二字。“天成号”是朱仙镇著名的年画老店，为清光绪年间尹清元所创。据尹氏后人称，尹清元的木版年画制作手艺是自山西平阳所学。“平阳”乃晋南临汾之旧称。晋南宋元时期杂居盛行，戏曲文化氛围向来浓厚，单蒲剧剧目相传就有八百，很多戏曲故事如《西厢记》《汾河湾》《三进士》等都发生在这一地区。北宋末年，诸宫调的创始人孔三传就是此地人。金元时期的平阳又是刻版印刷业的中心，著名的《刘知远诸宫调》即在此刊印。明清时晋南地区临汾、新绛、襄汾等地所出年画，题材与这些戏目多相对应。既然朱仙镇天成号老店的根在平阳，自然会吸取平阳的戏曲和刻印文化。

杨家埠地处山东潍坊，据传此地年画工艺明初已初具规模，杨氏先人先后创立了恒顺、同顺堂、万曾城、天和永等四家画店。建于明崇祯十三年的“吉兴号”年画作坊，面积二百四十平方米，房屋十余间，至今保存完好。明末，杨家埠年画作坊因战乱遂遭破坏，清代前期，又得以恢复和发展，出现万顺、公兴、公义、公泰、永盛等三十余家画店，大量进行年画生产。此后几百年间，杨家埠年画曾以品种多、规模大、销售范围广而与天津杨柳青、苏州桃花坞年画三足鼎立，成为名噪一时的中国民间三大画市之一。

俄罗斯中国木版年画专家李福清在分析戏曲年画时，根据对戏曲表演的描绘方式分成五类：1）描绘戏剧舞台，包括场景布置，甚至观众；2）选取一个比较生动的画面，有四个或更多演员，其形态似乎在等待观众叫好，这在京剧中被称作“亮相”。如果不考虑那些可移动的诸如桌子、椅子等道具，此类版画是不描绘任何戏

清绵竹年画高腔《苏英皇后鹦鹉记》

清朱仙镇年画《四霸天》

剧场景的；3）与第二类的静态描绘不同，第三类版画描绘试图传达演员的动感；4）第四类描绘在自然场景而不是戏剧场景中的带妆演员；5）第五类描绘小孩子们表演某一特定戏曲的场景。李福清的分类，实际上是从人物形象、舞台背景等方面指出了戏曲年画的基本造型规律。

按照李福清的分类，杨柳青版的《二进宫》是属于第四类，人物虽然是戏曲舞台上的妆扮，但所处环境却并非舞台，而是在宫廷庭院之中，表现的是徐延昭和杨波闯入后宫，和徐小姐剑拔弩张紧张对峙的场面。画面层次分明，十一个人物大体可分为两组，庭院中的一组以徐延昭父女为中心，徐小姐右手仗剑，左手提起身后袍带，立足宫殿台阶之前；与徐小姐对峙的七个人物皆三四人一排，两三人成一列，纵连成串，横连成线，杨波端立于前，看着眼前的徐氏父女，表情沉静；其左侧的小花脸一手捋带，一手横摆于胸前，跃跃欲试；小花脸身后之武旦右手持弓，左手高抬于前，俨然舞台上之“亮相”架势。从画面背景上看，杨柳青版宫门院墙、台案座钟、杂草树木一应俱全；红柱黄幔、青瓦蓝棂、绿毯白墙雍容华贵。细细数算，画面中仅宫灯就有四种造型，分别置于墙上、廊下和桌案，可谓极尽铺陈繁复，描摹细致精巧。

按照李福清的分类，杨家埠版《二进宫》中的主体人物属于第二类，是静态的描绘人物的动作。从这幅《二进宫》来看，与受京津市井文化影响的杨柳青戏曲年画迥异，杨家埠年画紧扣农民的欣赏要求，人物造型夸张、简练、粗犷、朴实，重人物轻背景，人物安排减少层次，平面布局，具有装饰意味。

清高密扑灰年画《绒线记》

清绵竹年画川剧《双旗门》

清四川年画川剧《白狗争风》

清四川年画川剧《萧方杀船》

清四川年画川剧《翠香记》

清四川年画川剧《白象山》

清四川年画川剧《破镜重圆》

清桃花坞年画昆曲《金山寺》

清朱仙镇年画《罗章跪楼》

清昆曲堂会演出年画《红梅记·打花鼓》

造型夸张是杨家埠年画突出的特点。有时候画师出于强化主题的需要，有意对人物的整体或某一部分予以变形，而很少顾及真实自然的情况。这和杨柳青年画中相对严格按照自然比例描摹对象的情况也相去甚远。

朱仙镇版的《二进宫》是属于李福清笔下的第三类，即“描绘试图传达演员的动感。”画面中的三个人物动态十足，其动作丰富性远远超过杨柳青版和杨家埠版。

与杨家埠和朱仙镇年画色彩呈现出的艳丽拙朴之美有别，杨柳青因地处京津，画风明显受到宫廷画和仕女画的影响，设色上讲究明暗深浅结合，色彩过渡自然，少大红大绿，虽比不上杨家埠和朱仙镇那般大胆和豪爽，但在柔美细腻、清丽典雅方面更胜一筹。

版画

版画经历了由复制到创作这两个发展阶段。早期的版画是为印刷与出版而制作，画者、刻者、印者分工，刻者只照画者的画稿刻版，称作复制版画。中国复制木刻版画约有一千年以上的历史，最早可能发生于隋唐之际。当今我们看到的晚唐咸通九年(868年)《金刚经》木刻卷首画，说明在九世纪中叶，中国的木刻复制版画已经达到相当熟练的水平。后来版画在艺术上赢得了独立的地位，画者、刻者、印者都由版画家一人自任，版画家得以充分发挥自己的艺术创造性，这种版画称作创作版画。中国的创作版画自1930年代才出现。我们在这里所说的戏曲文物中的版画，自然是指复制版画，它是随着明清时期戏曲图书的大量刊刻而以插图形式出现的。

明代以后,中国木版印刷技术高度发展，明版戏曲剧本大量出现,作为剧本插图的版画艺术，在描绘舞台演出的情景和雕板的精美方面，均已臻于圆熟。宣德十年（1435）金陵积德堂刻本《新编金童玉女娇红记》杂剧里出现八十六幅插图，上图下文，图文并茂，刀法硬截，充满古趣。弘治十一年（1498）刊行的《新刊大字魁本全相参定奇妙注释西厢记》里共有插图一百五十幅，构图洗练，十分精美。崇祯年间刊本《盛明杂剧·义犬记》插图中，绘有两个脚色在红氍毹上扮演《葫芦先生》，反映了明代弋阳腔在厅堂中演出的情况。又如崇祯年间刊本《荷花荡》插图版画中有一幅演出昆山腔《连环记》的场面。

万历以后，明代的经济文化高潮来到，戏曲兴盛，戏曲剧本的刻印也出现极度繁荣。很多书坊如金陵唐氏富春堂大量刻印戏曲剧本，已知的就有一百多种，其插图庄整雄健，人物面貌生动。其中《新刻出像音注李日华南调西厢记》是其代表作品，插图注重对人物心理情绪的刻画，使之显得栩栩如生、呼之欲出。金陵陈大来

元刊《三国志平话》杂剧《单刀会》演出场面

北宋刊南宋补版《东家杂记》插图抚琴

继志斋刻剧本也是既多又精，一时堪与富春堂对垒，风格转为工整婉丽，人物风姿绰约。环翠堂主人汪廷讷为徽郡巨富，刻图不惜工本，精益求精，其所刻传奇插图多出刻工汪耕之手。

万历中，徽派版刻异峰突起，徽州歙县虬村黄氏一家几代出了一大批刻工名手，他们的戏曲插图作品精致婉丽、秀逸灵动，最初有黄铤万历十年（1582）刻的高石山房版《新编目连救母劝善戏文》出现，犹粗犷刚劲。以后，黄一楷万历三十八年（1610）刻的起凤馆刊本《王李合评北西厢记》，黄应光万历年间刻的《李卓吾评本琵琶记》、万历四十年（1612）刻的《李卓吾评本玉合记》、万历四十一年（1613）刻的《校注古本西厢记》、万历四十三年（1615）刻的《徐文长改本昆仑奴杂剧》等，发展为缜密富艳、绮丽缠绵。著名的《元曲选》也是由黄应光等人刻图。

明末的戏曲插图刻本形成百花共艳、竞奇斗巧之势，其风格或巨斧直削，不事斤琢，或精雕细刻，力求工稳，各自形成鲜明的特色。其中，崇祯十二年（1639）由著名版画作手陈洪绶（号老莲）绘图，由著名刻工项南洲刻印的《新镌鸳鸯冢娇红记》和《张深之正北西厢记》，具有高度的概括性，传神写意细腻缠绵，艺术上的造就极高。明末在各地还出现一些以朱墨两色套印的戏曲剧本，吴兴、苏州居多。

明万历顾曲斋刊《古杂剧·汉宫秋》

明万历顾曲斋刊《古杂剧・潇湘夜雨》插图

明万历顾曲斋刊《古杂剧・绯衣梦》插图

明崇祯六年（1633）刊《古今名剧合选·柳枝集·玉镜台》插图

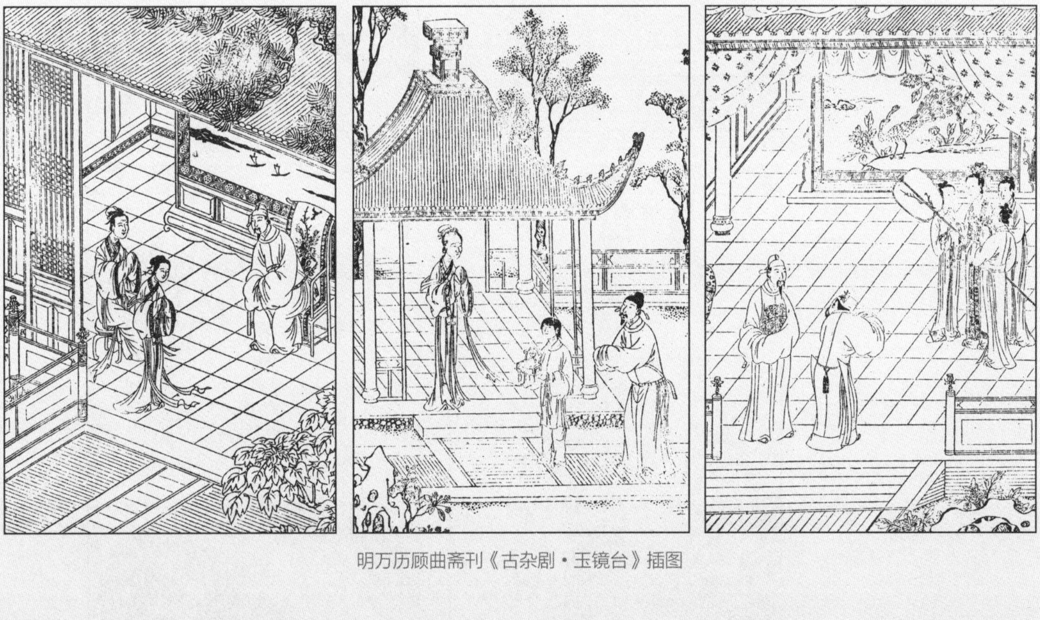

明万历顾曲斋刊《古杂剧·玉镜台》插图

明万历顾曲斋刊《古杂剧·金线池》插图

明万历吴兴臧氏刊《元曲选·金线池》

明崇祯六年（1633）刊《古今名剧合选·柳枝集·金线池》插图

明万历顾曲斋刊《古杂剧·对玉梳》插图

明崇祯六年（1633）刊《古今名剧合选·柳枝集·对玉梳》插图

明万历顾曲斋刊《古杂剧·竹坞听琴》插图

明万历吴兴臧氏刊《元曲选·竹坞听琴》

明崇祯六年（1633）刊《古今名剧合选·柳枝集·竹坞听琴》插图

明万历顾曲斋刊《古杂剧·梧桐雨》插图

明万历吴兴臧氏刊《元曲选·梧桐雨》

明崇祯六年（1633）刊《古今名剧合选·酹江集·梧桐雨》插图

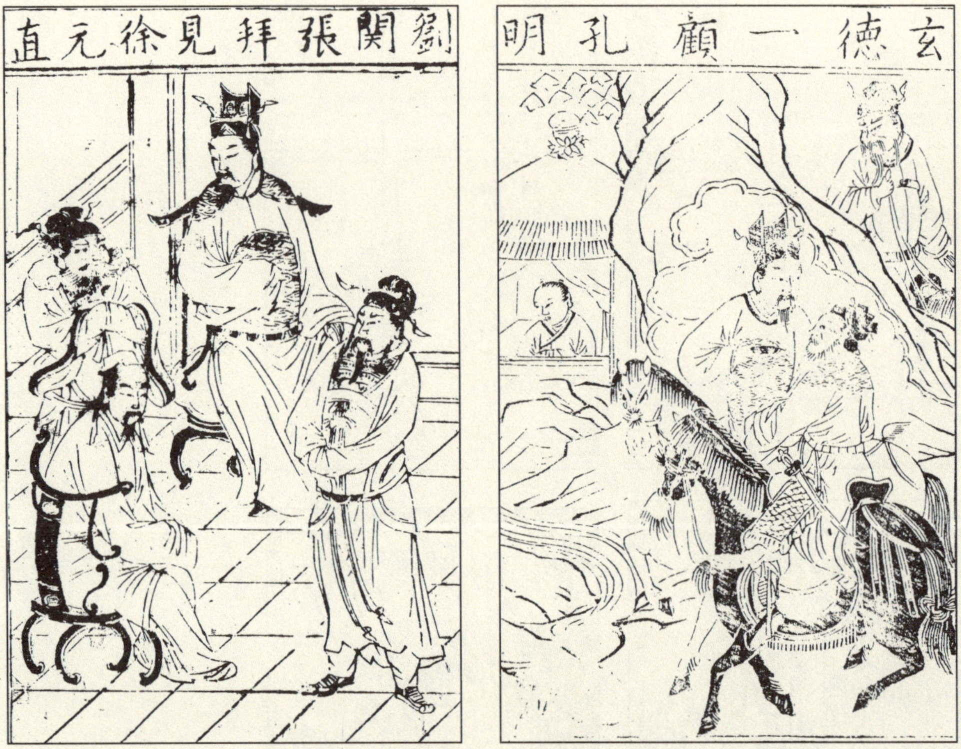

明金陵富春堂刊本《草庐记》插图

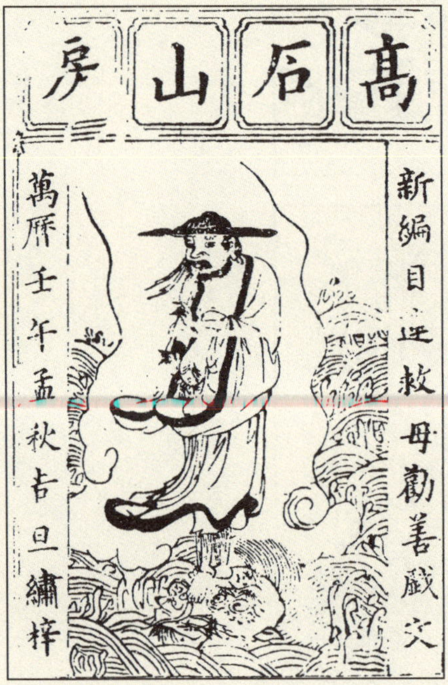

明万历十年（1582）新安郑氏高石山房刊《目连记》书影

明万历十年（1582）新安郑氏高石山房刊《目连记》插图

明万历吴兴臧氏刊《元曲选·赵氏孤儿》

明崇祯六年（1633）刊《古今名剧合选·酹江集·赵氏孤儿》插图

明万历吴兴臧氏刊《元曲选·合汗衫》

明万历吴兴臧氏刊《元曲选·东坡梦》

明万历吴兴臧氏刊《元曲选·墙头马上》

明崇祯六年（1633）刊《古今名剧合选·柳枝集·墙头马上》

明万历吴兴臧氏刊《元曲选·望江亭》

明万历吴兴臧氏刊《元曲选·鲁斋郎》

明万历吴兴臧氏刊《元曲选·红梨花》

明崇祯六年（1633）刊《古今名剧合选·柳枝集·红梨花》

明万历吴兴臧氏刊《元曲选·窦娥冤》

明崇祯六年（1633）刊《古今名剧合选·酹江集·窦娥冤》插图

明万历吴兴臧氏刊《元曲选・李逵赴荆》

明崇祯六年（1633）刊《古今名剧合选・酹江集・李逵负荆》插图

明万历吴兴臧氏刊《元曲选·魔合罗》

明崇祯六年（1633）刊《古今名剧合选·酹江集·魔合罗》插图

明万历吴兴臧氏刊《元曲选·灰栏记》

明万历吴兴臧氏刊《元曲选·秋胡戏妻》

明万历吴兴臧氏刊《元曲选·丽春堂》

明崇祯六年（1633）刊《古今名剧合选·酹江集·丽春堂》插图

明万历吴兴臧氏刊《元曲选·东堂老》

明崇祯六年（1633）刊《古今名剧合选·酹江集·东堂老》插图

明万历吴兴臧氏刊《元曲选·蝴蝶梦》

明万历吴兴臧氏刊《元曲选·赵礼让肥》

明万历吴兴臧氏刊《元曲选·两世姻缘》

明崇祯六年（1633）刊《古今名剧合选·柳枝集·两世姻缘》插图

明万历吴兴臧氏刊《元曲选·救风尘》

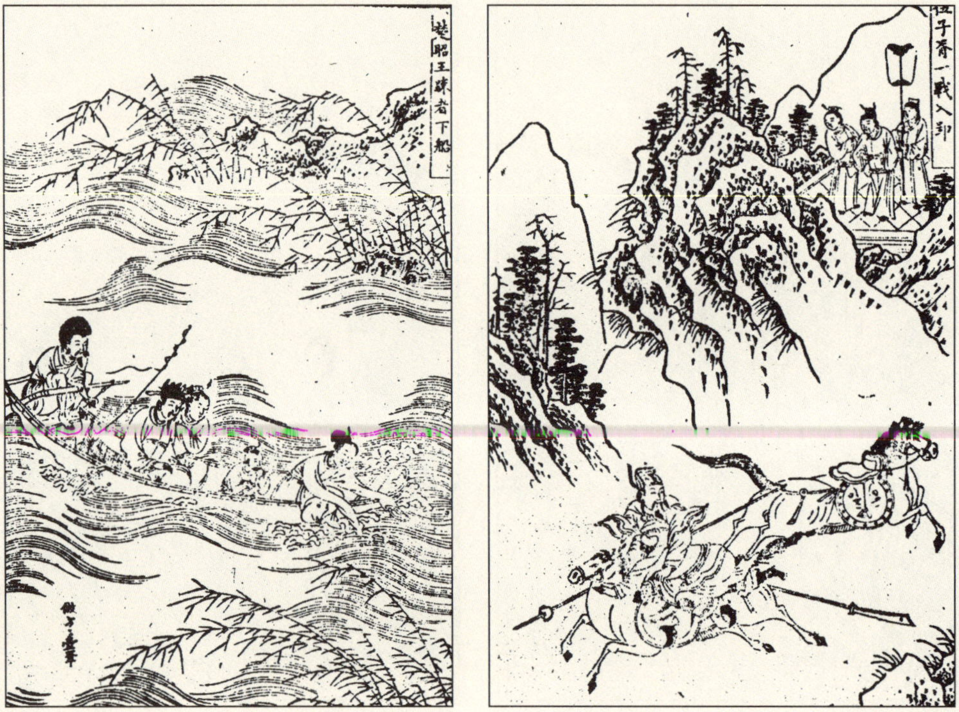

明万历吴兴臧氏刊《元曲选·疏者下船》

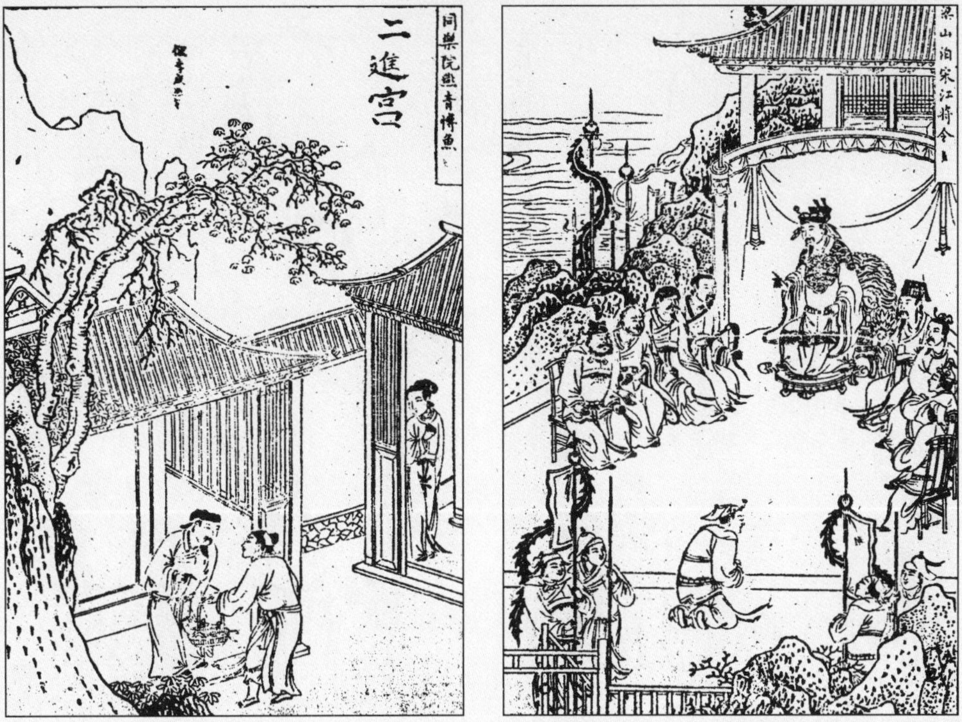

明万历吴兴臧氏刊《元曲选·燕青搏鱼》

明崇祯六年（1633）刊《古今名剧合选·酹江集·燕青搏鱼》插图

明万历吴兴臧氏刊《元曲选·扬州梦》

明崇祯六年（1633）刊《古今名剧合选·柳枝集·扬州梦》插图

明万历吴兴臧氏刊《元曲选・竹叶舟》

明万历金陵富春堂唐氏刊《白兔记》
插图“后槽喂马”

明万历金陵富春堂唐氏刊《白兔记》
插图“井边遇子”

明万历金陵富春堂唐氏刊《白兔记》
插图“磨房相会”

明崇祯刊《李卓吾先生批评西厢记真本》插图

明天启吴兴闵氏朱墨套印本《董解元西厢记》插图

明崇祯六年（1633）刊《古今名剧合选・酹江集・铁拐李》插图

明万历顾曲斋刊《古杂剧・望江亭》插图

明万历吴兴臧氏刊《元曲选・冤家债主》

明万历吴兴臧氏刊《元曲选・任风子》

明万历吴兴臧氏刊《元曲选・薛仁贵》

明崇祯六年（1633）刊《古今名剧合选・酹江集・雌木兰》插图

明崇祯六年（1633）刊《古今名剧合选・酹江集・中山狼》插图

中国戏曲艺术大系
COMPLETE COLLECTION OF CHINESE OPERA

明万历吴兴臧氏刊《元曲选·倩女离魂》

明万历顾曲斋刊《古杂剧·倩女离魂》插图

明万历吴兴臧氏刊《元曲选·忍字记》

.明万历吴兴臧氏刊《元曲选·金童玉女》

明刊《陈继儒批评琵琶记》

少年红粉墙头戲
要鞦韆
徽蔡仲寰筆

红裙睁看
绿衣郎
騰鴻筆

明世德堂刊本《月亭记》“官媒送鞭”

明世德堂刊本《月亭记》“瑞兰自叙”

明世德堂刊本《

明世德堂刊本《月亭记》“成亲团圆”

明世德堂刊本《月亭记》“世隆成亲”

明世德堂刊本《

聚会”

明世德堂刊本《月亭记》“世隆自叙”

明世德堂刊本《月亭记》“试官考选”

遇强”

.明世德堂刊本《月亭记》“兴福离寨”

明世德堂刊本《月亭记》“兄妹逃军”

明万历三十八年（1610）起凤馆刊《元本北西厢记》插图“斋坛闹会”

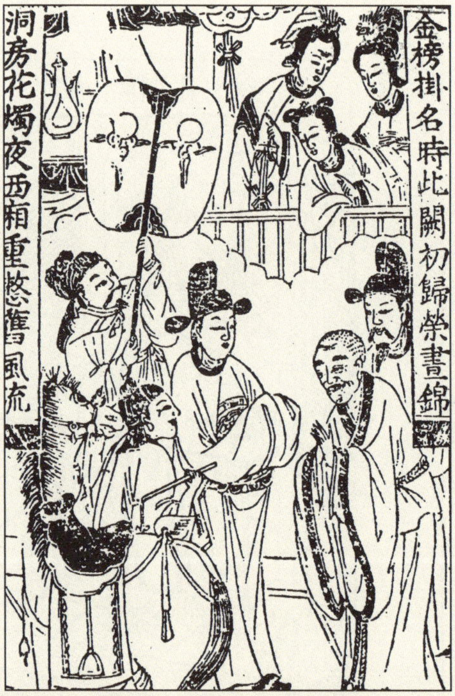

明万历建安齐山堂刘龙田刻《元本西厢记》插图“衣锦还乡”

明弘治刊本《西厢记》插图

明万历金陵唐氏富春堂刊《南西厢记》插图

明闵齐伋刻本《董解元西厢记》

明崇祯十二年（1639）刊《北西厢秘本》插图

明万历顾曲斋刊《古杂剧·风云会》插图

明万历顾曲斋刊《古杂剧·两世姻缘》插图

明万历顾曲斋刊《古杂剧·青衫泪》插图

明万历顾曲斋刊《古杂剧·梅香》插图

明万历吴兴臧氏刊《元曲选·张生煮海》

明万历吴兴臧氏刊《元曲选·黄粱梦》

明万历吴兴臧氏刊《元曲选·陈抟高卧》

明万历吴兴臧氏刊《元曲选·桃花女》

清初的传奇刻本继承晚明风格，而又朝向进一步的精雕细琢发展，出现了一批插图珍本，如《一笠庵四种曲》《笠翁传奇十种》《桃花扇》等，图版繁复密致，刀法婉丽明净。乾隆以后，随着近代印刷术的输入，戏曲图绘书籍的刻印走向了衰微。

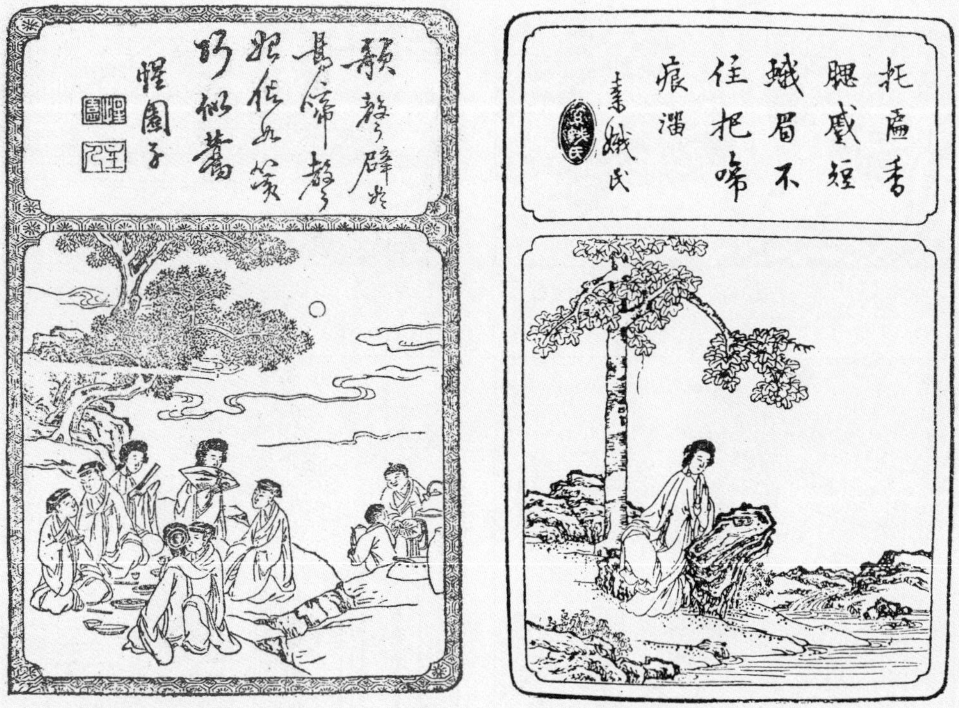

清康熙初金陵翼圣堂刊《笠翁十种曲·巧团圆》插图

清康熙初金陵翼圣堂刊《笠翁十种曲・蜃中楼》插图

清康熙初金陵翼圣堂刊《笠翁十种曲・风筝误》插图

清康熙初金陵翼圣堂刊《笠翁十种曲・奈何天》插图

清康熙初金陵翼圣堂刊《笠翁十种曲・意中缘》插图

清康熙初金陵翼圣堂刊《笠翁十种曲・比目鱼》插图

暖红室汇刻传奇《杀狗记》

第二节 戏曲雕塑类

中国戏曲形成于宋元时期，此前的角抵百戏、歌舞优戏等，作为戏曲艺术的雏形，存在于大量建筑或丧葬装饰中，如乐舞戏俑、砖雕石雕等，它们虽不是严格意义上的戏曲文物，但从中也可以看出戏曲发生期的最初形态。

宋代以后，成熟的戏曲艺术在中国传统的绘画和雕塑艺术中有所反映。这些绘画与雕塑作品为考察和印证宋杂剧、金院本、元杂剧和明清传奇与杂剧的舞台演出、服饰装扮和脚色行当的发展变化等等，提供了形象资料。近些年出土的一些文物，如河南偃师宋墓杂剧砖雕、山西侯马金代董墓院本演出俑、山西芮城永乐宫元代潘德冲墓椁石刻演剧图；地上遗存的文物，如宋代杂剧艺人丁都赛砖雕像等，都是研究宋、金、元时期北方杂剧艺术的极为珍贵的资料。它们虽属不同的时代，但可以看出它们之间在艺术上继承的关系。另如金代早期的砖雕，是净丑居中(见稷山马村金代段氏墓群杂剧砖雕)，而金晚期砖雕则以末色居中（见侯马董氏金墓戏俑），与山西洪洞明应王殿元杂剧壁画相似。从这些文物所描绘的演出形象来看，杂剧艺术的脚色装扮已经形成一定程式化的规格，说明自北宋末年的杂剧演出到金院本、元杂剧的演出形式基本上已经固定下来，形成一种经过提炼的、带有夸张性和滑稽讽刺意味的表演艺术特点。

宋元以来的戏曲文物有着多种多样的形态。就绘画雕塑类而言，有的是保留至今的绘画作品，包括以戏曲为题材的传世绘画、壁画和木版年画等；有的则属雕塑类，如大量留存于丧葬墓穴和地上建筑的砖雕、石雕和木雕等。

砖雕

雕塑类戏曲文物种类丰富，可以追溯至宋元之前墓葬遗存中各种材质的歌舞戏俑，汉代的画像石、画像砖等。画像石和画像砖是考察早期戏剧发展形态的重要文物类型，多集中于汉代。画像砖起源于战国时期，盛行于两汉，多在墓室中构成壁画，有的也用在宫殿建筑上，从目前出土的情况来看，以河南和四川两省居多。画像砖主要用木模压印然后经火烧制成，也有的是在砖上刻出纹饰。画面的表现形式有浅浮雕、阴刻线条和凸刻线条。多数画像砖为一砖一个画面，也有一砖为上下两个画面的。戏剧孕育期的歌舞百戏作为汉代的社会风俗，经常为画像砖所表现。

四川成都汉百戏画像砖

四川大邑东汉百戏画像砖

四川是画像砖发现最集中的地方，已知的题材有数千种之多，以成都西北平原一带出土最为精美，时间大多属东汉后期。其形制主要有三种，即40厘米左右的正方形砖和约46厘米×26厘米的长方形砖；还有一种就是在数量和种类最多的条形砖，每块砖都是一个完整的独幅画面，一次压印而成。一些砖要施彩，面貌接近绘画，正方形砖的浮雕较低，线面相间，通过线条勾勒细部，强调和夸张动态，使画面具有刚柔相济之趣，代表了四川地区画像砖造型手法的典型面貌；长方形砖则浮雕较高，立体感强。

到了北宋中期以后，商业渐趋发达，奢靡之风盛行。这种风气影响到墓葬习俗，改变了此前对晚唐五代仿木结构建筑形式的沿袭，一种结构更为复杂的仿木雕饰墓葬开始出现并渐渐流行。这种墓葬形式的突出特点是不但居室的立柱、额枋、斗拱等皆用砖雕，厅堂内部的墙壁装饰，如桌椅门窗、主人神像，歌舞戏曲演出等，也用砖雕。这种

四川成都出土汉代画像砖对舞

墓葬主要流行于河南中部的开封、郑州、洛阳一带。金代之后，这种墓葬开始转移到晋南地区，这种建筑形制也推到极致，墓室内雕饰繁复华丽，四壁基座都是复杂的束腰须弥座，中部周遭或雕砌花格子门，或雕砌回廊栏杆，上部或是重檐屋顶，或是重叠的垂昂。这类墓葬里戏曲装饰已经是必不可少的内容。

到了元代，雕饰工艺出现倒退，墓室结构变得简单粗糙，雕刻工艺也粗疏简陋。元代之后，这类墓葬及戏曲装饰已不复存在。

这类仿木结构砖室墓中最为普遍的装饰内容就是戏曲砖雕。其最一般的做法，是将戏曲作场的情景绘图模勒，制为雕砖，于修砌墓室时镶嵌入墓壁，使之成为整个墓室结构的组成部分，又成为厅堂之中戏曲演出场面的象征性装饰，与整个墓室的厅堂内室构造或四合院内天井式结构相结合，就组成一个完整的当时家庭戏曲文化生活的立体环境。

墓室砖雕是北宋仿木建筑雕砖墓流行后兴起的一项工艺技术。汉代的砖墓虽然已经普及，但其时画像砖的制法主要是在泥坯上模压图案烧制而成。从雕造工艺看，北宋汴京地区的砖雕大多是依据画范进行平面浅浮雕，即以画范为

河南新野出土汉代广场百戏画像砖

南京出土六朝优人砖雕

模，在砖坯上压出人物形象粗胚坯，然后在略凸出于浅地的人物轮廓上以刀具作阴线剔刻，其刀法纯熟，线条流畅，均为前代所未见。雕砖构图可以看得出是在绘画的基础上进行加工的，汴京宫廷画院和民间的大量画士、画工的作品可能是其画范的来源。当时汴京聚集着大批画工，金人攻陷汴京后，曾把大量艺人和手工业者掳走，其中就有众多的“雕刻图画工匠”①。

金代砖雕技法由浅浮雕改为半圆雕或全圆雕，人物背部一般都连在砖面上。其形象稍显粗拙，显然是民间工匠所为，大概已经不是依据画范而是直接从舞台演出来汲取素材，然而人物造型、情态、气质诸方面都更加生动传神，标示了砖雕匠人工艺技

山西垣曲县古城村金墓伎乐雕砖摹本

① 徐梦莘《三朝北盟会编》“靖康中秩”五十二。

浙江黄岩灵石寺塔吴越戏剧砖刻

术的极大进步。这些戏曲砖雕多是模制的，相同的雕砖形象常常在不同墓葬中重复出现，可见当时有专门的烧造作坊在进行批量生产，以供应当地修砌墓葬的不时之需。金代墓葬中戏曲雕砖的普及、工艺的定型化和雕造技巧的提高等特点，应该是民间需求量增加所刺激成的结果。

元代戏曲砖雕，就雕造工艺、造型方面来看，则变得粗拙、简陋，大概是金末战火导致了盛极一时的砖雕技术的衰落。

北宋杂剧艺人丁都赛雕砖拓本

进入明代，砖雕开始走出墓葬，进入俗世生活，出现在大量民间建筑上。这根源于当时社会经济的发展。明中叶之后，商业经济迅速发展，全国各地出现了很多富商大贾。他们在商场上获得财富后，都会回乡大兴土木，置办宅邸，以夸耀富贵。但由于封建等第观念的制约，他们不能在建筑的规模和用材上随心所欲，只能转而在有限的空间里倾注巨量的人力物力来进行精心雕饰。他们往往不惜花费重金招募能工巧匠，精心构筑和雕饰自己的人间极乐殿堂，这就导致了各类建筑雕刻的出现，其中戏曲雕饰成为一个重要的内容。

除了民间私宅外，还有大量的商业会馆随着商会组织的发展而兴建，这些会馆的建筑雕饰更是奢华富丽，与明清私宅雕饰相互映辉。全国建筑雕饰集中的地区，多是富商巨贾聚居的地区或商业都埠，如东南沿海的苏州、潮州以及徽州和山西、四川等地。

通常，民间房屋建筑的砖雕多集中于门楼、门罩、八字影壁、梁架、梁托、斗拱、雀替、檐板、檐条、窗扇和栏板等部位。雕刻的内容多是象征吉祥富贵的如意花卉、珍禽异兽等图案，但也有大量的山水人物图，其中就有精美的戏曲场面雕饰。

砖雕虽不如石雕耐久，但易于雕琢，对材料也不像石雕那样有着较高的要求，因此在建筑雕饰上比石雕和木雕

北宋杂剧艺人丁都赛雕砖

更为常见。砖雕的雕造工艺都经过制胚坯、烧制、雕刻几道工序。用来烧造雕砖的泥土要比普通的砖细，一般还要经过水洗、沉淀之后才能使用，使之纯洁度和粘合力提高。砖雕的手法也多种多样，有平面浮雕、半圆凸浮雕、高凸浮雕、透雕等。而且，雕砖与石料相比，材质疏松，更易于精雕细刻，使所雕刻的形象纤毫毕现。

北宋杂剧艺人凹歛儿雕砖

北宋杂剧艺人杨揔惜雕砖

北宋杂剧艺人薛子小雕砖

河南洛宁上村宋金墓杂剧雕砖

河南洛宁上村宋金墓杂剧砖雕

河南温县宋金墓杂剧砖雕

河南温县金墓杂剧雕砖

河南温县宋墓杂剧砖雕

河南温县前东南王村宋墓杂剧雕砖拓本

河南温县宋墓出土杂剧角色砖雕

河南温县宋墓杂剧副净砖雕

河南温县前东南王村宋墓杂剧乐队雕砖拓本

山西垣曲金代杂剧砖雕

山西垣曲县金墓装孤

山西垣曲县金墓引戏

山西垣曲坡底村宋金墓杂剧雕砖

山西稷山苗圃金墓杂剧砖雕

山西稷山马村4号金墓杂剧砖雕

山西稷山县马村2号金墓杂剧砖雕

山西稷山马村8号金墓副净砖雕面部

山西稷山县马村1号金墓乐队雕砖

山西稷山县马村4号金墓装孤砖雕

山西稷山马村3号金墓杂剧砖雕

山西稷山马村8号金墓杂剧砖雕

山西稷山县化裕镇2号金墓杂剧砖雕

山西稷山县化裕镇3号金墓杂剧雕砖

山西稷山县金墓杂剧砖雕

山西襄汾永固村出土金吹觱篥人砖雕

山西襄汾永固村出土金吹笛人砖雕

山西稷山县金墓末泥

山西襄汾永固村出土金舞人砖雕

山西襄汾永固村出土金击鼓人砖雕

河南洛阳史家屯金墓击鼓人砖雕

河南洛阳史家屯金墓舞蹈人砖雕

河南洛阳史家屯金墓吹笛人砖雕

河南洛阳史家屯金墓弹三弦人砖雕

河南南召五红村宋金墓杖头傀儡砖雕拓本

山西新绛南范庄金墓锣舞砖雕

山西新绛南范庄金墓长瓜舞砖雕

河南焦作西冯封村金墓砖雕舞蹈僧俑

河南焦作西冯封村金墓砖雕吹排箫俑

河南焦作西冯封村金墓砖雕吹笛童子

河南偃师县酒流沟宋墓杂剧雕砖

.河南偃师县酒流沟宋墓杂剧雕砖拓本

山西侯马市金墓杂剧砖雕

晋南金代杂剧砖雕墓

晋南金墓杂剧雕砖

河南义马宋金墓杂剧砖雕

河南宋墓出土大曲雕砖

清佛山祖庙《海公大红袍》砖雕

山西新绛县寨里村元墓杂剧砖雕

清河曲弥佛洞寺戏曲砖雕拷贝

山西新绛县吴岭庄元至元十六年（1279）墓杂剧砖雕

山西壶关白云寺清代砖雕《蒋干盗书》

石雕

所谓画像石，实际上是地下墓室和庙阙等建筑上雕刻画像的建筑构石。因为大多画像石所属建筑是丧葬礼制性建筑，所以画像石实质上是一种祭祀性丧葬艺术。

江苏铜山出土汉代百戏画像石

中国发现画像石的地域很广，分布集中在河南、山东、四川、山西等地，这些地方迄今为止共发现了万余块。汉画像石内容丰富，取材广泛，除反映农耕生活、墓主身世经历、神话传说外，有相当一部分是表现墓主生前享乐生活的，诸如宴饮庖厨、乐舞百戏等。这部分以乐舞百戏为内容的画像石一方面反应了汉代的民俗风情，也展现了戏剧在初级阶段的实际演出情况，成为研究早期戏剧形态的重要文物资料。

河南南阳汉画像石人兽相斗

作为典型的丧葬艺术，它表现的主题是生者祭祀、悼念死者，但在艺术表现上，汉画像石并没有将死亡描绘得凄凄惨惨、悲悲切切，而是充满了对未来、对生命的乐观与渴望。尤其是那些欢乐的乐舞百戏表演，简直使人如身临其境。

画像石的雕刻技法属于线刻类，物象的轮廓和细部全部用线条来加以表现。线刻类技法，又可细分为阴线刻、凹面线刻和凸面线刻三

山东济宁汉墓象人石刻

山东沂南北寨村东汉墓石刻驱傩

山东沂南北寨村东汉墓石刻神兽驱傩

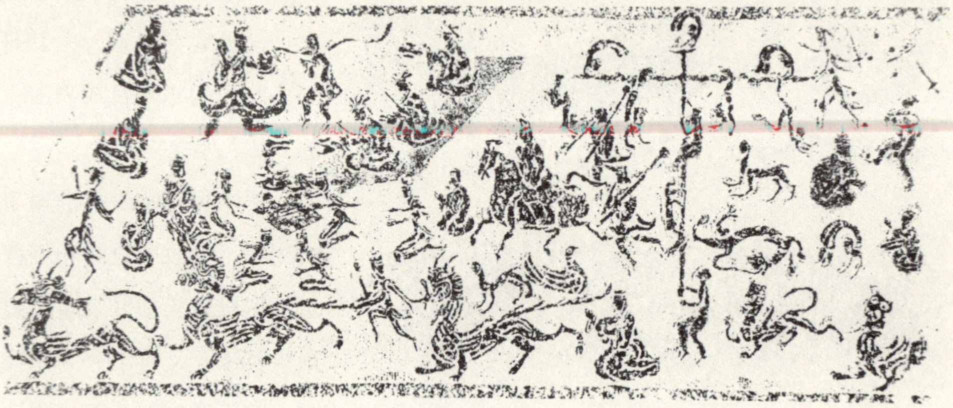

山东安丘董家庄汉墓百戏石刻

河南南阳汉墓倡优画像石

河南南阳汉墓乐舞画像石

山东沂南北寨村东汉墓石刻方相氏

四川郫县新胜乡东汉墓石棺大傩

种。阴线刻就是在石面上直接用阴线条勾勒出图像。这种技法作品的最大特点，是画像表面没有凹凸，物像与余白在一个构图面上。阴线刻是汉画像石最基础的雕刻方法，与汉画像石的发展相终始。早期即西汉晚期到东汉初的阴线刻画像石，线条粗深，图像稚拙。1973年出土的陕西省三原县焦村唐李寿墓乐舞线刻，就是典型的阴线刻技法。

山东沂南北寨村东汉墓百戏画像石

凹面线刻就是在石面上沿物像的轮廓线将物像面削低，使物像面呈略低于余白面的凹面，物像细部用阴线来表现的雕刻技法。凸面线刻是一种与凹面线刻截然相反的雕刻技法，即在磨平的石面上，将物像轮廓线以外的余白面削低，使物像面呈平面凸起，物像细部再用阴线或墨线加以表现。

还有一种画像石是浮雕类雕刻技法，为了表现物像的质感，不仅要将物像面以外的余白面削低，使物像明显浮起，而且要将物像面削刻成弧面。这类技法，又可细分为浅浮雕、高浮雕和透雕三种。

宋元戏曲石刻和砖雕一样，主要也是墓葬出土物。大体分为两类，一类是墓壁石刻，一类是石棺刻。

墓壁石刻与砖雕的形式接近，作用相同，都是世俗观念的反映。它的出现是与以石料建砌墓葬相联系的。

北京云居寺唐塔西内壁石刻浮雕优戏

四川广元南宋墓杂剧石刻

在一些石料采集方便地区，人们普遍用石块建砌坟墓，并在上面绘刻戏曲图像，于是就产生了戏曲墓壁石刻。目前在四川的山区发现了成批的石砌拱墓，其中时有戏曲雕刻。此类墓葬皆有简单仿木结构的雕饰，并于石砌壁面上以阴线雕刻或凸面浮雕戏曲图画以及其他生活图像。中原地区的石刻比较少见。

戏曲石棺刻是在墓葬石棺的壁面上雕刻戏曲图像。石棺作为丧具来源甚古，大概可以追溯到先秦时期。《史记·秦本纪第五》说，纣的大臣蜚廉曾经“得石棺，铭曰：‘……赐尔石棺以华氏。’”蜀国的谯周认为此事无稽，但辅以其他迹象，这一条资料至少可以说明汉代以前使用石棺葬，而且石棺上有铭文篆刻。其他迹象就是指今天已经有诸多的汉代石棺出土，有些上面还有百戏场面雕刻，例如四川郫县石棺、璧山县广誉乡石棺等。魏晋墓葬里石棺成为常见棺具，上面流行各种升仙图和祥瑞图案的阴线雕刻，带有浓厚的求仙迷信色彩，表明其时世人乐仙好道的世风和追求仙世享受的生活态度。唐五代石棺雕刻又向伎乐内容发展，最为著

河南荥阳县北宋绍圣三年（1096）石棺棺侧线描图

荥阳石棺杂剧线描图

荥阳石棺杂剧图

名的例子就是前蜀王建墓石棺座基的乐部伎浮雕。宋以后，世俗的人世生活成为石棺雕刻的主要内容，常见的有行孝故事、墓主人生活起居、宴饮庖厨等等。从渴望身后超度到追求现世的享受，这是时代心理的变化，反映了世俗观念在祭奠礼仪范畴中的加强。

宋元石棺多以整块条石凿成，腹中凿为棺槽，上覆以石棺盖，外形为首部宽高、尾部窄矮。棺壁外则周遭雕刻，首部常雕作门额，时有板门半开露出半身侍女

四川广元南宋墓杂剧伴奏乐石刻

的图像，用以象征人世居室。它侧壁则阴线雕绘各种生活画面，其中多有戏曲演出的内容。

明清时代，戏曲石刻同砖雕一样，由墓葬走向世俗，出现在大量富商宅邸和商业会馆的建筑中。石材较雕砖质地更加坚硬细腻，用途更广，历时更长，所以历来为人们所喜用。石牌坊、石漏窗、石栏杆、石柱础以及各类石造家具、雕刻摆设等，多有石雕石刻。其雕刻技法丰富多样，有线刻、浅浮雕、高浮雕、半圆雕、镂空雕、透雕等。雕刻原则是因材施艺，以刀代笔，根据石料的材质来确定所用的雕刻技法，并凭借熟练的技巧和实践经验来构图运斤。

四川广元南宋墓大曲石刻

河北正定隆兴寺大悲阁北宋乐伎石雕

河北正定隆兴寺大悲阁北宋舞伎石雕

四川大足宝顶山宋吹笛女石浮雕

山西永和县金大安三年（1211）石棺

山西高平西里门村二仙庙正殿露台侧大曲舞石刻

山西芮城元中统元年（1260）潘德冲石椁院本演出图

山西芮城县元潘德冲石槨院本图副本

山西芮城元中统元年（1260）潘德冲石椁前当全貌（摹本）

江西上饶安坑村玳公祠清代石雕《浣纱记》

清泉州戏曲彩绘石刻

木雕

木雕是雕塑的一种，大体可以分为立体圆雕、根雕、浮雕三大类。木雕是从木工中分离出来的一个工种，雕刻材料一般选用质地细密坚韧、不易变形的树种，如楠木、紫檀、樟木、柏木、银杏、沉香、红木、龙眼等。木雕艺术历史悠久，在秦汉两代趋于成熟，唐代大放异彩，工艺日趋完美，许多保存至今的木雕佛像，是中国古代艺术品中的杰作，造型凝练，刀法流畅，线条清晰明快。两宋时期木雕作品较为多见，这时的木雕已采用组织细密的木材为载体进行制作，这就有利于木雕作品的传世。我国的一些庙宇里还保存有宋代的木雕作品。元明时由于海外贸易的急速发展，木材种类有所增加，许多由海外进口的硬质木材，使木雕工艺得到长足发展。明清期间是木雕艺术的一个辉煌时期，涌现出大量有史可考的名家、艺人及其作品，是古代木雕艺术的一个高峰。这一时期的木雕题材广泛，诸如生活风俗、神话故事等，多寄予吉庆有余、平安如意的美好寓意。而其中的戏曲人物图案也成为一个重要种类。

明清戏曲木雕同戏曲砖雕、石雕一样被广泛用于建筑装饰，但又与他们有着不同分工。一般砖雕石雕多用于墙壁装饰，而戏曲木雕则多用于窗棂、门扇、栏板和檐板凳。另外，日用家具和装饰器具上也多用戏曲木雕。尤其是明式家具，将中国传统木作技巧发挥到极致，堪称经典，达到了前无古人、后无来者的高峰。

明清戏曲木雕表现手法上一般采用具象的方法，造型上大胆的夸张。如人物头大身小，人大景小，显得活跃、质朴。

江西婺源民间窗棂清代木雕《连环记》

江西婺源明《西厢记》笔筒

明朱雅征雕《西厢记窥简》笔筒

河南新县清代戏曲鼓架《红梅记》木雕

清佛山祖庙金漆木雕戏曲故事

戏俑

塑像类戏曲文物的前身是歌舞戏俑。目前发现较早的如浙江绍兴坡塘乡战国时期墓葬中的铜屋乐俑，云南晋宁县石寨山战国至西汉墓葬中的乐舞铜人，湖南长沙马王堆汉墓乐俑等。其中，山东济南无影山11号西汉墓出土的百戏陶俑，当是戏剧形成之前的形象反映。无影山百戏陶俑在一个长67厘米、宽47.5厘米的陶盘上，一共塑造了二十一个彩绘陶俑。其中长袖而舞的女伎二人，表演倒立、折腰等杂技的男伎四人，还有奏乐的八人，或吹笙，或抚琴，或敲钟，或击鼓，其余皆为袖手而立的旁观者。这组陶俑布局有序，人物主次分明，动静结合，从中可以看出汉代百戏杂陈的演出场面。

河南省博物馆藏唐代侏儒优俑

济南无影山1号西汉墓出土百戏陶俑盘

湖南长沙马王堆1号汉墓彩绘吹竽鼓瑟木俑

西安唐鲜于庭诲墓出土优俑

西安出土唐三彩骆驼载乐伎

唐五代时期优戏盛行，墓葬中出土了很多那一时期的歌舞戏俑，如河南省博物馆唐代侏儒优俑，新疆吐鲁番出土的唐优俑。五代时期，南唐皇帝徐知诰一生好优，生前宠幸优人申渐高，死后还在墓中以优人俑陪葬，开王公之先例。

宋代，泥塑玩具在宋人画的《货郎图》中见到踪影，元代民间称之为“魔合罗”，很受小儿喜爱。明以后，泥塑戏文故事人物逐渐多了起来。清代泥塑戏人成为一项专门手艺，在江浙一带十分流行，无锡、苏州都是集中生产地，北方则有天津“泥人张”为代表。

无锡惠山泥人是无锡当地艺人取惠山东北坡山脚下的黑泥所制，其泥质细腻柔软，可塑性佳，适合“捏塑”之用。明代文学家张岱在他的《陶庵梦忆》卷七愚公谷条记载：无锡去县北五里为铭山（锡山），进桥店在左岸，店精雅，卖泉酒、水坛、花缸、宜兴罐、风炉、盆盅、泥人等货。可见当时的泥人已成为商品进入商铺。

新疆吐鲁番出土唐《踏摇娘》泥俑

新疆土鲁番出土唐优俑

惠山泥人有粗货、细货之分。粗货用模具翻制，手工绘彩，造型单纯，用笔粗放，色彩明快，大批量生产，内容大多以喜庆吉祥题材为主，如大阿福、老寿星等，多为玩具。其中也有一些“小戏文”，又叫“小板戏”，通常以四人为一组，有的是文人仕女，有的是文官武将，下部用竹签插在泥板上。这些戏人通常

清惠山泥塑《连环记》（《凤仪亭》）

清惠山泥塑无名氏《珍珠塔》

清无锡惠山泥塑《吟风阁杂剧・罢宴》

清惠山泥塑《绣褥记・教歌》

在面部勾彩，以区分行当性格，但整体组合不按戏出场景。细货手捏而成，制作精细，题材多为戏曲人物，经常从昆曲或京剧的演出中选取场景，每档二、三人不等，展示一个戏出场面，其造型简练，设色纯朴典雅，人物塑造注意面部表情的体现。同治以后著名艺人秦仁金、傅润泉、陈桂荣等，捏塑了一批京剧题材的戏人，陈有《跪门》《庵会》等十出存世。清末著名艺人丁阿金（名兰亭）、周阿生（名生观）则已制作昆曲“手捏戏文”出名，丁有《教歌》《挑帘裁衣》，周有《凤仪亭》传世。

虎丘泥人是苏州泥塑的一种。之所以称作虎丘泥人，是因为所需泥土取自虎丘周边的黏土。这种土黑、细、黏，非常适宜做小品泥人。虎丘泥人有捏像（又称“捏相”“塑真”）、耍货两种。捏像即用各种颜色的泥对着客人，在最短的时间内抓住人物特点，并当场捏出来。耍货即各种玩具捏塑或戏出捏塑，特点是写实

南唐李昪墓优俑

河南洛阳烧沟东汉墓出土俳优俑

重庆鹅石堡山东汉墓出土俳优俑

性强，一般高约10～18厘米左右，以戏文为主题的居多。虎丘泥人大约清代初期开始出现戏文人物，清末的作坊有老荣兴、金合成、汪春记等耍货店。戏出捏塑一般以八出或十六出为一堂，下面以盘架承接，用于节日庆典和祭神赛社时摆列陈设。

苏州虎丘泥人中还有一类绢衣泥人，其头和脚用泥捏塑，而冠服则以丝织物制成。这种绢衣泥人最初大约开始于清代中叶，清末有虎丘山塘汪春记作坊最为著名。今存《长坂坡》《金雁桥》《杨排风》等戏出绢人，高16厘米左右，其服装制作综合了盘金、刺绣、贴花、彩绘等多种工艺而成，下有八角形的底座。

天津“泥人张”创始人张长林（字明山，1826～1906）是中国美术史上的重要人物。张长林生于浙江绍兴，其父张万全曾是一官员的文书；后到了天津，以制作小型石兽及文具为生。张长林十三岁脱离私塾从事泥塑创作。那时的天津已是一个重要的港口城市，商业、贸易发达，流行赶庙会，常有外台戏，多由名角演出，张长林常跻身其间观察人物、服饰。据说道光二十四年（1844）京剧名角余三胜到津演出时，张长林为他塑的戏装像《黄鹤楼》，形象逼真传神，被称为“活余三胜”。张长林从此扬名。1947年2月20日的《大公报》的“天津人物志”有一段纪念张长林的文章这样写道：至其如何工作？不过在观戏时，即以台上角色，权当模特儿，端详相貌，剔取特征，于人不知不觉中，袖中暗地摹索。一出未终，而伶工像成；归而敷粉涂色，衬以衣冠，即能丝毫不爽。后来，张长林又为谭鑫培、杨小楼、汪桂芬、程长庚、田桂凤等京剧名伶捏过像，包括胸像、头像、单人像、全家像等。他塑造的戏出有《黄鹤楼》《白蛇传》《夺太仓》《春秋配》《回荆州》《除三害》《西厢记》《风尘三侠》《岳母刺字》《木兰从军》等，都具有很高的艺术价值。张长林之后，张家就以泥塑传家，代有巧匠名作，如第二代张玉亭有《麻姑献寿》，第三代张景钴有《三战吕布》《击鼓骂曹》《长生殿》等，在手法和风格上逐渐变化，塑型尺寸越来越高大，施色越来越富丽，构图越来越多样化，日益追求动态的捕捉，技法愈加洗练。

除以上三种泥塑外，全国很多地方也都流行捏塑泥人，并用不同材料装饰它。例如山西平遥纱阁戏人，为泥捏纸扎的戏剧人物，按照戏出场景分别置于木制橱窗箱内，以供观瞻。光绪三十年（1904）纸扎铺六和斋艺人徐立廷曾经为平遥城内南北两社制作了三十六箱，今存二十九箱，造型优美朴素。箱高100厘米，宽70厘米，

清山西平遥沙阁戏人《大进宫》

深60厘米，正面做成舞台台口形状，罩牙雕花，内装屏风隔断。戏人高约50厘米，材料为头、手和脚泥制上彩，身躯用草秸扎成，外用金银彩纸刻花剪贴。戏出内容有《鸿门宴》《司马庄》《战洛阳》《飞虎山》《碧玉环》《五岳图》《佘塘关》《赶龙船》《春秋笔》《金台鉴》《铁钉床》《斩黄袍》《借伞》等。

清山西平遥沙阁戏人蒲州梆子《铁钉床》

清山西平遥沙阁戏人《碧玉环》

清山西平遥沙阁戏人《鸿门宴》

清山西平遥沙阁戏人《飞虎山》

河南安阳蒋村金大定二十六年（1186）墓说唱砖俑

河南焦作西冯封村金墓砖雕击拍板俑

河南焦作市西冯封村金墓砖雕吹笛俑

河南焦作市西冯封村金墓砖雕舞俑

河南焦作市西冯封村金墓砖雕击鼓童俑

河南焦作市西冯封村金墓趋跄俑

河南焦作西冯封村金墓砖雕吹笛俑

河南焦作市金墓打呼哨俑

江西景德镇宋墓说唱俑

江西鄱阳南宋洪子诚墓南戏瓷俑

江西鄱阳南宋洪子诚墓南戏瓷俑

江西景德镇宋墓说唱俑

江西景德镇南宋查曾九墓南戏瓷俑

江西景德镇南宋查曾九墓南戏瓷俑

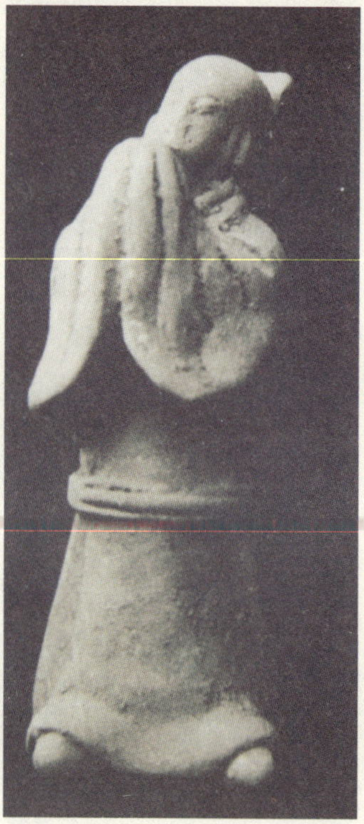
江西景德镇南宋查曾九墓南戏瓷俑

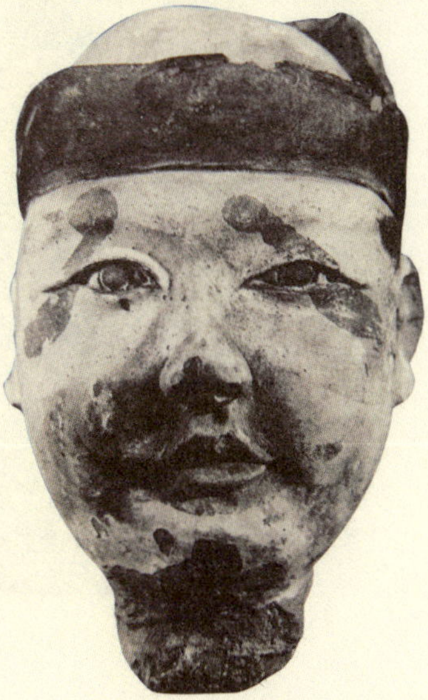

山西稷山县马村1号金墓副净俑头

山西稷山县马村1号金墓副末俑

清皮黄艺人余三胜雕像

清皮黄艺人谭鑫培塑像

清汉调艺人米应先塑像

清《白兔记》泥塑

南京博物院藏清代戏曲泥塑《浣纱记》

近代泥人张泥塑《打金枝》

清泥人张泥塑陈二白《双官诰·教子》

民国天津泥人张景钴《击鼓骂曹》泥塑

第三节 戏曲器物装饰

宋元戏曲的兴盛发展，使它在当时社会生活的各个角落都留下了痕迹。许多生活器物上都用戏曲图像作装饰，这些器物被随葬于墓葬中，又成为殉葬品。多有戏曲伎乐图像出现的器物主要有瓷器、铜镜、金银器皿等。

湖北江陵秦代木篦彩绘角抵

安阳北齐范粹墓出土黄釉瓷扁壶“胡舞登莲”图

江西鄱阳南宋洪子诚墓南戏瓷俑

陶瓷

宋元制瓷业极其发达，近年陶瓷考古成果表明，宋代我国瓷窑遗址分布达十九个省、市、自治区的一百三十个县。金、元瓷业继承了宋代传统而有所变化发展。由于受到当时戏曲文化生活的影响，宋元瓷器里经常见到以戏曲故事为装饰内容，其中主要为瓷枕。瓷枕最早见于隋，晚唐以来民间流行以瓷枕作睡具，开始大量生产。宋代十分普及，词人李清照《醉花阴》所谓“玉枕纱橱，半夜凉初透”，“玉枕”即指瓷枕。在宋代丰富的瓷窑中，有许多都生产瓷枕，而以磁州窑系制品最为丰富。瓷枕装饰画面，多取材于当时民间生活小景，富有生活意趣和幽默感。从各地博物馆藏品所见，瓷枕装饰除各类山水花鸟鱼虫纹饰以外，也有人物故事、马戏、婴戏图，而以后者为多。婴戏图以儿童为表现对象，描状儿童的各种活动：钓鱼、赶鸭、玩耍、游戏、弄木偶、骑竹马等等，画面天真烂漫、活泼有趣。人物图、婴戏图中都有表现戏曲伎乐活动的内容。

河南济源市勋掌村出土宋三彩瓷枕悬丝木偶图

河南济源市出土宋三彩瓷枕杖头木偶图

金“张家造”剑舞大曲瓷枕

元白地黑花《连环记》图枕

金元瓷枕承宋。元代具有独特风格的是青白釉瓷枕，其枕形从宋代青白瓷孩儿枕、青白瓷卧女枕进一步发展，成为人间居室形状，周壁作格扇门而镂空，前后堂屋洞开，内有人物，上覆薄片枕面。这类瓷枕常作人物故事。元代其他类型的青花瓷器中，以历史故事作为装饰内容的也十分常见，其内容有周亚夫细柳营、萧何月下追韩信、

山西大同出土元青白瓷枕

蒙恬将军、三顾茅庐等，这与元代戏曲小说以及版画的发达有密切关系。

明清时期，随着社会经济中工业成分的迅速增加，以及社会生活中人们对于日用商品和装饰品需求量的增大，陶瓷业获得了长足的发展。

明代流行青花瓷器，通过特种工艺使瓷器呈现透明釉体下白底蓝花的效果。这种瓷器生产过程较为简便，易于制作，而器质花纹的审美效果肃静淡雅，朴素大方，给人清新流丽的感觉，加上它能够负载众多表现世俗审美情趣的图案花卉以及人物故事图像，因而一出现即受到社会各个阶层的普遍欢迎，被广泛用来制作普通的日用饮食和生活器皿，成为明代各个时期官窑集中生产的类型。青花瓷器在明代实现了其统治地位，直到清代前期它的生产势头仍然未减。

青花瓷器的工艺为表现戏曲内容提供了方便条件——作画者可用毛笔在瓷胎上随意构图而后入炉烘烧，而兴盛的戏曲生活以及随之而起的戏曲版画的发展又为青花瓷器提供了创作源泉和技术借鉴。因而，明代青花瓷器成为戏曲绘画的重要载体，在全国各地的同类产品中，保留了众多带有戏曲场面或戏曲故事的器型。

明初《冻苏秦衣锦还乡》杂剧故事瓷盘

明初《须贾谇范雎》杂剧故事瓷盘

明《昭君出塞》青花瓷碗

江苏江宁明洪武二十五年（1392）沐英墓出土《萧何月下追韩信》青花瓷瓶

明《周亚夫屯细柳营》瓷壶

河南商丘图书馆藏明《西厢记》瓷缸

明代后期彩瓷兴起，先是斗彩，而后五彩，逐渐形成了一支与青花瓷器抗衡的大军，由于其色泽的丰富艳丽和表现内容的扩大，吸引了社会的目光，到了清代中期，终于导致了青花瓷器走向衰败。五彩瓷器在斗彩基础上兴起，出现于嘉靖、万历时期，到了清代康熙年间，其生产达到了极盛。它的工艺是以釉上绘彩代替釉下青花，变一次成器为两次入炉。

河南商丘图书馆藏明《西厢记》瓷缸“张生游蒲州”

河南商丘图书馆藏明《西厢记》瓷缸“老夫人拷问红娘”

河南商丘图书馆藏明《西厢记》瓷缸“张生醉归”

河南商丘图书馆藏明《西厢记》瓷缸“普救寺借寓”

河南商丘图书馆藏明《西厢记》瓷缸“佛堂惊艳”

河南商丘图书馆藏明《西厢记》瓷缸“莺莺厌恶红娘跟定”

河南商丘图书馆藏明《西厢记》瓷缸“张生揖红娘”

河南商丘图书馆藏明《西厢记》瓷缸“惠明寄书”

河南商丘图书馆藏明《西厢记》瓷缸“孙飞虎围寺”

河南商丘图书馆藏明《西厢记》瓷缸“莺莺听琴”

河南商丘图书馆藏明《西厢记》瓷缸“幽会西厢”

河南商丘图书馆藏明《西厢记》瓷缸“红娘递柬”

西藏博物馆藏清康熙五彩《西厢记》瓷瓶

康熙官民窑皆生产五彩器，后者不受宫廷束缚，器物造型和图案题材更为多样，大量采取戏曲人物故事题材，其绘画风格深受明末陈老莲画派的影响，线条简洁有力，人物面部造型重神轻形。其绘法是先用蓝、红或黑色勾勒出人物的面部和衣褶轮廓，然后用平涂敷以各种鲜艳的色彩。

康熙以后，宫廷里兴起受西方工艺影响的珐琅彩瓷，在瓷胎上用珐琅绘法绘制图画，使用进口彩料，其器质地细腻，款式新颖，绘事精致，其效果典雅鲜艳，流光溢彩，为康熙、雍正、乾隆三朝御窑制作，用作宫廷御器，数量不多，极其名贵。其中乾隆御窑古月轩瓷器，多以戏曲题材为表现对象。传说古月轩主人为吴县人，姓胡字学周，先在苏州烧小窑，所制鼻烟壶，彩绘山水人物翎毛花卉，十分精致华美。乾隆皇帝下江南见之，大加赞赏，携之回京，令主御窑。古月轩瓷雍容华贵，多有名士、重臣或帝王品题，常见如戴震、刘墉等人手笔。中华民国二年（1912），胡氏第七世孙将其世传古月轩瓷180件售与外籍人士施德之（Star Talbot），遂流至国外。

雍正以后流行粉彩瓷器，这是一种在五彩瓷器的绘制基础上，接受珐琅彩制作工艺影响而形成的釉上彩新品种。其绘法是在五彩画面的某些部分用玻璃白粉打底，用中国传统绘画中的没骨法渲染，突出了阴阳、浓淡的立体感，人物面部往往施用淡赭晕染，风格绵软，色

清康熙五彩瓷盘《连环记》戏画

清杜丽娘戏画瓷瓶

清乾隆古月轩《牡丹亭》戏画瓷瓶

泽柔和，效果娇艳淡雅。粉彩被大量应用于民间器皿的绘制，其内容与戏曲有着千丝万缕的联系。今天见到一些地区流传的诸多瓷盘戏画可以作为例证。

明清时期的陶瓷雕塑、琉璃工艺也有很大发展。广东佛山石湾是南国陶都，以釉稠色重的泥钧器著称。清代以后，随着珠江三角洲的开发，当地的祠堂、庙宇、高档庭院大批兴建，石湾的建筑陶瓷业也随之得到迅速的发展，其代表器型为殿堂的瓦脊人物故事装饰。塑制和烧造瓦脊比一般的建筑陶器要复杂得多，不但需要大规模的窑场，而且要拥有相当精密的技术。佛山祖庙同一时期装置的瓦脊，分别由不同的店家制造，制品水平不分伯仲，专事建筑陶器制造的石湾陶艺盆行的兴旺繁荣，可见一斑。

佛山石湾戏曲人物陶塑大量制作于清代，不少是粤剧戏装人物。用可塑性强的含沙的石湾陶土塑造，宜于表现筋骨苍劲、肌肉表露的形象。人物均按粤剧的生旦净末行角色及其相应功架造型，服饰装扮也和粤剧一致，如有粤剧特有的“大甲”和带“福”字的方形背旗、额上的大结子（英雄结）、头上的雉鸡尾等。

铜镜

另一种常见的器物装饰为铜镜。铜镜为妆奁之具，其正面鉴影，背面则铸造各类花纹图案以作为装饰。汉唐铜镜花纹偶有与伎乐有关的，宋金时期发生变化，不但奏乐内容常见，有关的戏剧故事也成为其主题。金代伎乐铜镜常见于东北地区。金代虽然因为铸币需要，实行严厉的铜禁，官府一再下令禁止民间铸造铜镜，例如大定十一年（1171）就曾“禁私铸铜镜，旧有铜器悉送官，给其直之半”[①]，但民间需求量仍不断增大，反映了汉文化的影响，这是金代戏曲故事铜镜产生的社会基础。

从今天存世的宋元金银器皿花纹雕饰中，也常常看到戏曲情节，它反映了戏曲内容的深入俗世生活和为人所津津乐道。

国家博物馆藏宋杖头木偶铜镜

宋傀儡铜镜摹本

① 《金史·食货志三》。

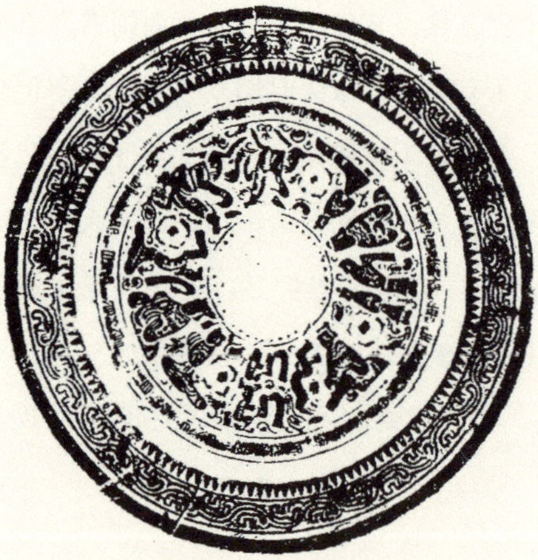

汉代蔡氏百戏铜镜

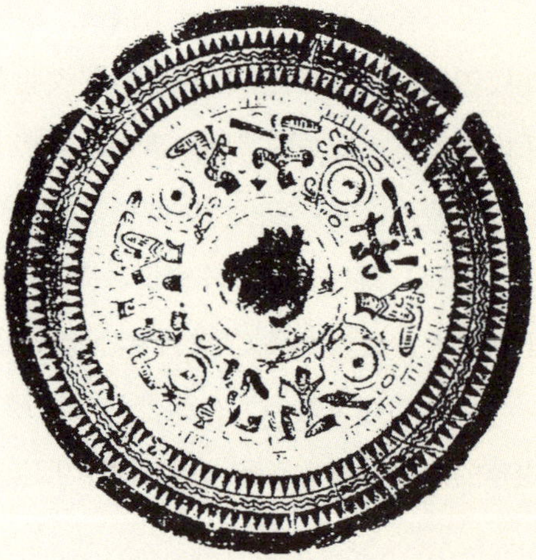

汉代百戏铜镜

河南博爱县出土宋肉傀儡铜镜

金《柳毅传书》戏曲故事铜镜（拓本）

日本京都醍醐寺藏17世纪屏风彩绘《兰陵王》

第四节 戏曲剪纸刺绣

民间剪纸和织绣品一般出于农家妇女之手。中国古代的女子，根据传统文化的要求，在闺中待字时要从事女红，亦即进行描画、针线、纺织一类的手工作业，从而培养自己的性格与爱好，同时也锻炼自己手和心的灵巧程度，为成人以后挑起生活担子做准备。剪纸和织绣品，就是女红的一部分艺术成果。这种风气在民间长期保存下来，因此农家妇女常常多会从事这类手工艺术创作。由于明清时期戏曲娱乐几乎可以说是农村女子唯一的娱乐样式，因此她们对于生活的理解，进而对于生活的描绘，自然就有很多是出之于戏曲。于是，她们为后人留下了众多的民间戏曲工艺品。

河北三河清代民间剪纸《昭君出塞》

清山东蓬莱窗花剪纸弦索腔戏《磨底镜》

民国剪纸《金钏记》（《玉堂春》）

民国浙东窗花剪纸《连环记》（《凤仪亭》）

剪纸是运用剪刀（或刻刀）和彩纸进行造型的艺术，织绣则利用针线和织机为构图工具，其流行地域极其广泛，几乎在全国各地都有其踪迹。剪纸的作品类型根据用途有窗花（贴在居室窗户上）、龙船花（贴在灯笼上）、圈盆花（送礼时放在礼物上）之分，织绣的底件则为包括衣物、巾帕、单被在内的各种民间布料和丝料品。剪纸和织绣的内容都包括花卉图案、鸟兽虫鱼、神话和历史人物、戏曲故事等等。其制作的方法通常都是按照现有底样，以之为稿剪出、织出或绣出新的图画来。底样常常是历代相传、家家相借之物，一部分是民间专门在庙宇里画神像艺人的副产品，一部分则是普通剪纸织绣者的创造。有一些心灵手巧并达到一定手工艺术修养的妇女，在经过了长期的实践之后，逐渐达到了可以随心所欲进行构图创造的程度，她们就是剪纸和织绣底样的创作

清浙东窗花剪纸高腔《高文举珍珠记》

民国浙江东部剪纸《红梨记·亭会》

民国浙江金华剪纸《渭水河》

者。例如在看了一场戏之后，她们就能够凭回忆把其中最为动人的场景描画出来，剪成始件，织绣成底样，以后这些花样就会在其他妇女手中流传。底样在流传过程中也会不断发生移形和变迁，逐渐走向更加洗练和美化。

戏曲剪纸有单个人物或多个人物组成一个戏出场面的，后者又分单幅的、多幅的，多幅的往往按照戏出成套剪制。浙江省金华地区的永康县、浦江县等，是戏曲窗花创作的集中地区。山西省祁县、新绛等地也是剪纸流行区域。河北省的蔚县窗花风格独特，它不同于他处的用单色彩纸剪制，而是先用白纸剪成花样之后再进行染色（称为“点色”），通常可以染上三四种不同的颜色。染色由人工操作，一般由妇女和儿童承担，每人专染一种颜色。所用色料是洋红、大绿一类的“品色”，染成的窗花五色辉映，清新可爱。晚清时出现了专门售制窗花的民间艺人，1947年统计，蔚县的窗花制作者达五六十家，他们的作品远销山西、河南、内蒙古和东北各地。

浙江东部民间民国窗花剪纸《西厢记》

在民国时期的蔚县民间窗花艺人中，有一位王老赏，农民出身，自七八岁时开始学“点色”，二十岁成为著名的剪纸艺人，其作品成为

浙江东部民间民国窗花剪纸《西厢记》

民国浙江金华剪纸陈二白《双官诰·课子》

浙江东部民间民国窗花剪纸《琵琶记·廊会》

民国浙东窗花剪纸弦索腔戏《打枣》

民国浙江永康剪纸《目连救母·双下山》

民国浙东窗花剪纸《百寿图》

民国浙东窗花剪纸吹腔戏《武松打店》

民国浙东窗花剪纸梆子腔戏《白玉楼》

浙江东部民间民国窗花剪纸《扫秦》（《东窗事犯》）

民国浙东窗花剪纸梆子、乱弹腔戏《蝴蝶杯》

民国浙东窗花剪纸乱弹腔戏《桂花亭》

民国浙东窗花剪纸杨恩寿《鸳鸯带》

民国浙江金华剪纸《目连救母·尼姑思凡》

民国浙东窗花剪纸乱弹腔戏《荣乐亭》

民国浙东窗花剪纸乱弹腔戏《绣鸳鸯》

周围二十余村剪纸艺人的底样。他注重创作戏曲题材的窗花，随时留意观察戏台人物和场面，苦心琢磨，并参考同类题材的年画构图，终于达到了极高的造诣。他一生创作戏曲窗花千幅以上，留下了众多的民间艺术品。

北方的剪纸风格浑厚朴实，西北的更是粗犷单纯，江南的戏曲窗花则柔媚纤丽，构图相当完整，线条也富于变化，人物之外，更有布景、场面，完整体现了舞台形象。

民国浙江剪纸徽戏《对金钱》

民国浙东窗花剪纸弋阳腔戏《摆花张四姐》

民国浙东窗花剪纸乱弹腔戏《绣鸳鸯》

织绣工艺来源于古老的经验，在长期的实践中积累了丰富的技巧和手段，但民间织绣则主要停留在手工阶段，尤其绣品多由农家姑娘一针一线绣出，作为自己出阁时的陪嫁品。绣品的种属也因时因地而异，多为生活用品，如其中有“帐幔”“苫盆”（灯盏或便盆上的遮盖物）、“镜帘”“钱包”“耳套”（新娘赠新郎用），以及给未来小宝宝的“兜肚”“项圈”“风帽”之类。民间织绣以其纯朴、稚拙的风格受到人们的喜爱，其中尤以戏曲场面织绣引人留连瞩目。

清河北三河县刺绣剪纸样《天河配》

传世陕西刺绣李调元《春秋配》

清代苏州女衣袖边刺绣《昭君出塞》

第三章

戏曲资料类

第一节 戏曲典籍

在戏曲资料类文物中，戏曲典籍是研究戏曲历史尤其是戏曲剧目的重要内容。戏曲典籍从内容上讲可分为戏曲剧目类和演出资料类，从流传散播的方式上讲可分为抄本类和刻本类。

抄本

抄本，指按原书抄写的书籍。语出明代郎瑛《七修类稿·辩证五·三国宋江演义》：昨於旧书肆中得抄本。现存最早的抄本书是西晋元康六年写的佛经残卷。有的抄本常因系名家手迹，接近原稿，保存完整等原因，十分珍贵。

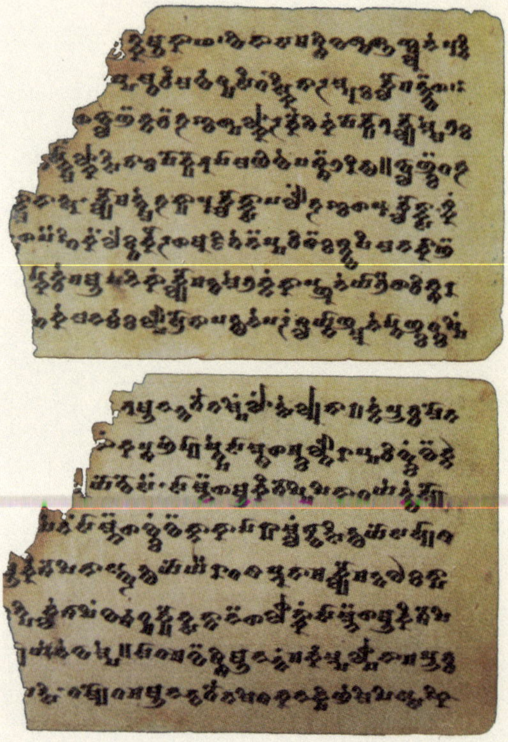

新疆焉耆锡克沁发现《弥勒会见记》焉耆文唱本

目前见到的戏曲抄本剧本最早的是明代，即《张协状元》《宦门子弟错立身》《小孙屠》三种南戏。它们曾被收入《永乐大典》里，所以被统称为《永乐大典戏文三种》。其中，《张协状元》是南宋时期温州九山书会的才人创作的，其故事则从诸宫调里移植。它们是唯一完整保留下来的

新疆发现回鹘文《弥勒会见记》书影

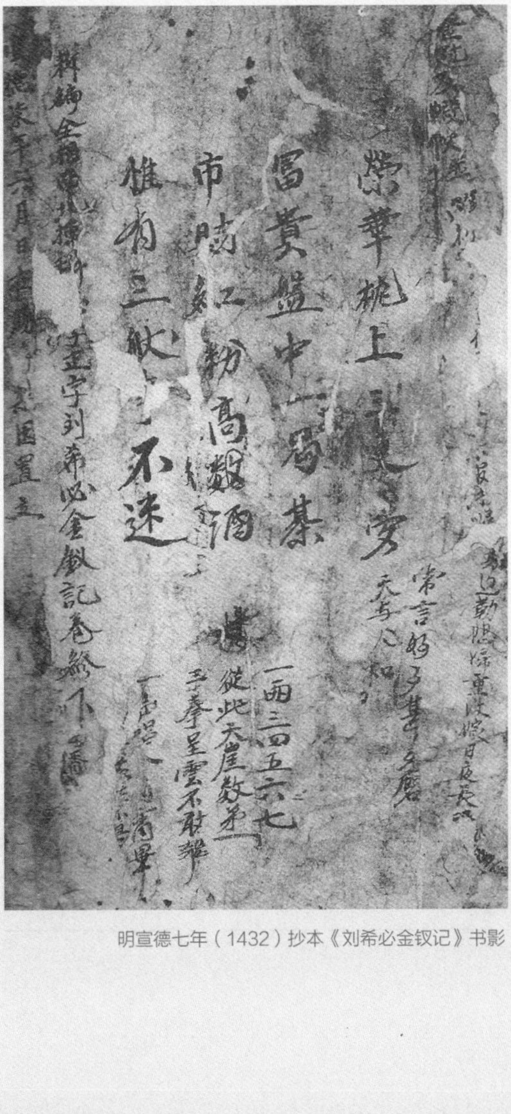

明宣德七年（1432）抄本《刘希必金钗记》书影

南宋戏文，弥足珍贵。除了这三种外，东南沿海地区出现了一些弥足珍贵的明代抄本，如1958年出土于广东省揭阳县西寨村明墓中的《蔡伯喈》（即《琵琶记》）二本。这是一部罕见的明代戏曲舞台演出本，写于嘉靖年间。这一古剧本的发现，对探索广东潮剧历史源流有很大的帮助。此外，还有1975年出土于广东省潮安县西山溪一座明墓中的宣德七年(1432)写本《刘希必金钗记》。它是宋元南戏《刘文龙菱花镜》在广东潮州流传的艺人演出本。此剧早已失传，这本罕见孤本的发现，为宋元南戏填补了一处空白。这几种抄本剧本的出土，为研究宋元南戏在东南沿海地区的流传发展提供了实物资料。

清代的抄本较多，1954年曾在山西万泉县百帝村发现了青阳腔的四个剧本：《三元记》《黄金印》《涌泉记》和《剔目记》。这是难得看见的清道光、咸丰年间的重写本，对于研究明代南戏青阳腔在清代流传于北方的历史，具有很高的价值。近几十年来，全国各地发掘整理传统戏曲的同时，发现了不少珍贵的古老剧本，如福建莆仙戏就保存了不少清代戏曲演出本。福建梨园戏亦发现了宋元南戏失传的剧本如《朱文鬼赠太平钱》《刘文龙菱花镜》等多种清代艺人手写本。清代宫廷中专供皇帝御前看戏的剧本，从乾隆以来各代都有，工楷精钞，封面以金黄装裱，华丽典雅。这种剧本是宫廷的演出本，名叫“安殿本”，如乾隆年间的安殿本题为《太平祥瑞》，现存有《海岳效灵》《方朔偷桃》《万国呼嵩》《瑶池集庆》等十种。上海图书馆馆藏的国内孤本《清乾隆御览四色抄本戏曲两种》，一为《江流记》，一为《进瓜记》。此两种戏曲抄本为清代传奇，戈阳腔。《江流记》讲述唐玄奘之父

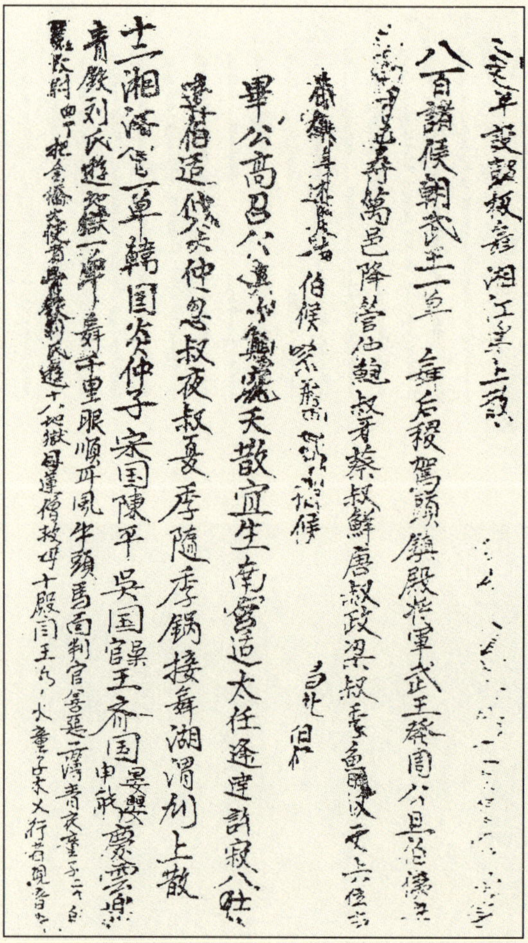

山西潞城南舍村明万历二年（1574）抄本《迎神赛社礼节传簿四十曲宫调》书影

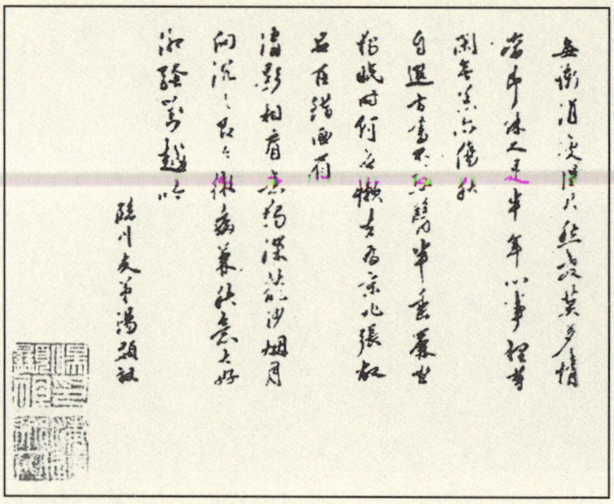

上海博物馆藏汤显祖手迹

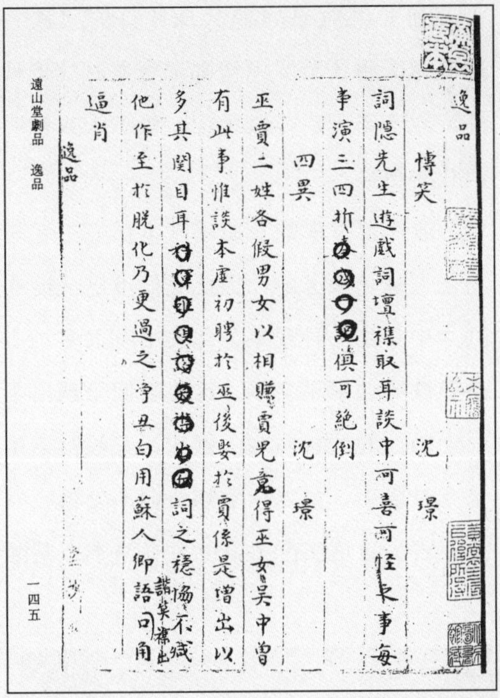
逸品
博笑　沈璟
詞隱先生遊戲詞壇，襍取耳談中可喜可怪之事，每事演三四折，眞可絶倒。
四異　沈璟
巫、賈二姓，各假男女以相贖，賈兒竟得巫女，吴中曾有此事。惟談本虞初，聘於巫後娶於賈，係是增出，以多其閲目耳。詞之穩協不減他作，至於脱化乃更過之。淨丑白用蘇人鄉語，可角逼肖。
逸品
遠山堂劇品　逸品　一四五

明抄本《远山堂剧品》书影

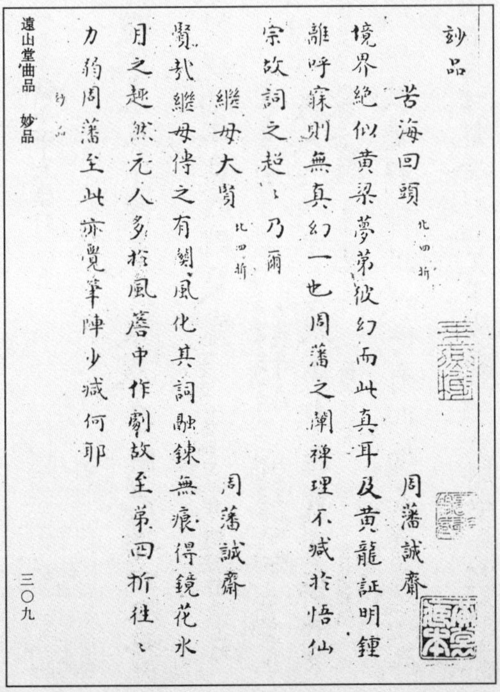
妙品
苦海回頭　北四折　周藩誠齋
境界絶似黄粱夢，弟彼幻而此真耳。及黄龍証明鍾離呼寐，則無真幻一也。周藩之闡禅理不減於悟仙宗，故詞之超乃爾。
繼母大賢　北四折　周藩誠齋
賢哉繼母，傳之有關風化，其詞融鍊無痕，得鏡花水月之趣。然元人多於風藩中作劇，故至第四折，往往力弱。周藩至此亦覺筆陣少減，何耶。
遠山堂曲品　妙品　三〇九

明抄本《远山堂曲品》书影

陈光蕊故事，《进瓜记》讲述刘全进瓜、李翠莲还魂的故事，均系从《西游记》故事演绎而出，多为清朝内廷演出戏曲。

晚清戏曲抄藏家张玉森曾传抄大量古戏曲剧本。张玉森热爱戏曲，迷恋各种戏曲珍本收藏，将半生搜集购买及借阅到的戏曲珍本用刻有“古吴莲勺庐钞存本”的专用竹册格纸认真地抄录校勘，并作题记跋语，考订作者，校勘讹误，是近代戏曲研究的珍贵史料。张玉森又为所抄存的每部剧本一一撰写提要，成《传奇提纲》八卷，涉及戏曲传奇二百八十二种。1931年，古吴莲勺庐抄存的数百种戏曲被郑振铎选取百余种收藏，并根据此经历撰写《钞本百种传奇的发现》一文。当年郑振铎所挑选出的古吴莲勺庐抄本戏曲现收藏于国家图书馆。张玉森所撰《传奇提纲》以及郑氏选馀之古吴莲勺庐抄本戏曲八十多种包括《元曲选》《盛明杂剧》《歌林拾翠》等残本，现藏于苏州博物馆。

近些年，明清戏曲抄本的整理出版开始被重视，如线装书局1996年出版的《明清抄本孤本戏曲丛刊》（全

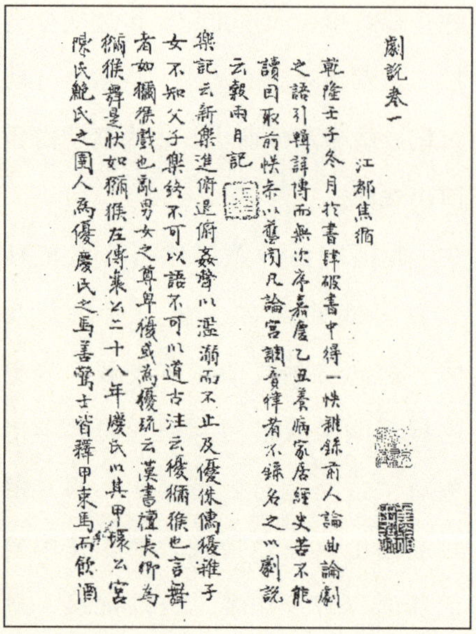

劇說卷一

江都焦循

乾隆壬子冬月於書肆破書中得一帙雜錄前人論曲論劇之語引輯詳博而無次序嘉慶乙丑養病家居經史苦不能讀因取前帙參以舊聞凡論宮調音律者不錄名之以劇說云穀雨月記

樂記云新樂進俯退俯姦聲以濫溺而不止及優侏儒獶雜子女不知父子樂終不可以語不可以道古注云獶獼猴也言舞者如獼猴戲也亂男女之尊卑獶或爲優疏云漢書禮長卿爲獼猴舞是狀如獼猴左傳襄公二十八年慶氏以其甲環公宮陳氏鮑氏之圉人爲優慶氏之馬善驚士皆釋甲束馬而飲酒

清稿本《剧说》书影

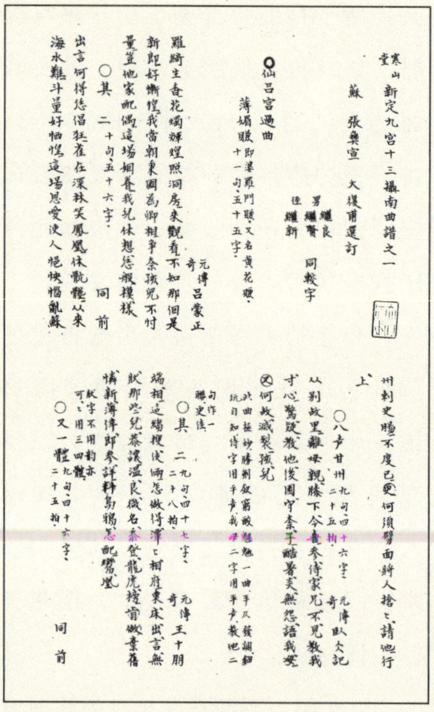

寒山堂新定九宮十三攝南曲譜之一

蘇 張彝宣 大復甫選訂

男 繼良 繼賢 侄 繼新 同較字

○仙呂宮過曲

薄媚賺 即婆羅門賺，又名黃花賺。十一句，五十五字。

元傳奇 吕蒙正

羅綺生香花燭輝煌照洞房來觀看不知那個是新郎好慚惶我當朝東閣爲卿相爭奈孩兒不忖量豈他家配偶這場姻眷我兒休想恁般模樣

○其二 二十句，五十六字。 同前

出言何得恁倡狂雀在深林笑鳳凰休覷醜從來海水難斗量好恓惶這場恩愛使人悒怏惱亂蘇。

州刺史贍不度己更何須覓面將人搶搶請他行

上

○八聲甘州 九句，四十六字。二十五拍。 元傳奇 臥冰記

從別故里離母親膝下今日參侍家兄不見教我寸心驚疑教他後園守桑干酷暑炎無怨語我要

⊗何故滅裂孩兒

此曲極妙，勝荊釵窮酸魁一曲，平仄韻調，細玩自知，得字用平聲，我母二字用平聲，教他二句作一賺，更佳。

○其二 九句，四十七字。二十八拍。 元傳奇 王十朋

端相這端詳使俺怎做得渾渾相府東床出言無狀那些兒恭謙溫良儀名登龍虎榜肯做棄舊憐新薄倖郎參詳料烏鵲怎配鸞凰

狀字不用韻亦可，可用三四體。

○又一體 九句，四十六字。二十五拍。 同前

抄本《寒山堂九宫十三摄南曲谱》书影

十五册）共收录《辟兵珠传奇》《武香球》《天香庆节》《情邮记新谱》《千秋鉴》《节孝记》《鲛绡记》等三十八种明清戏曲剧本。

清代留下来的戏曲手抄本很多主要是为艺人登场服务的，因此我们可以从这些剧本中看到一种现象，即其中有很多场上指导性质的附录文字，这使它们呈现出不同于以往的新颖面貌。例如，有些剧本附录有身段谱，用以指示和曲词部分相应的身段表演。这实际上是一种导演本，其起

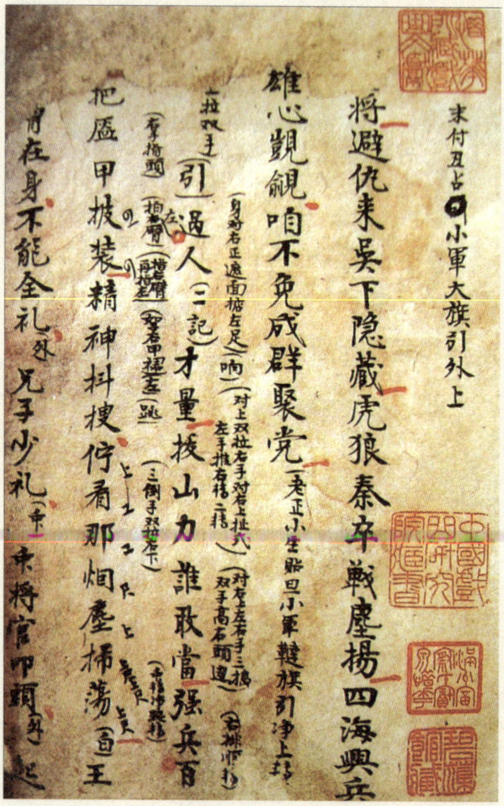

末付丑占 小軍大旗引外上

将避仇来吴下隐藏虎狼秦卒戰塵揚四海興兵

雄心覬覦咱不免成群聚党（老正小生贴旦小軍韃旗引净上场）

引 遇人（二記）才量拔山力誰敢當强兵百

把盔甲披裝精神抖擻佇看那烟塵掃蕩（亘）王

肯在身不能全礼（外）兄子少礼（串）來將官叩頭（外）起

中国艺术研究院藏《千金记起霸身段谱》书影

始是王继善的《审音鉴古录》。由于中国戏曲的排演没有导演调度，这些文字就起到了舞台指示的作用。另一类剧本带有锣鼓谱，用以标示锣鼓点在实际场子里的运用，以便调节表演的节奏。还有的剧本附录有穿戴提纲，这是对明代脉望馆抄校本古今杂剧“穿关”的沿袭。更有的剧本还附录砌末。这一切都标明，那时人们对剧本的应用功能越来越重视了。

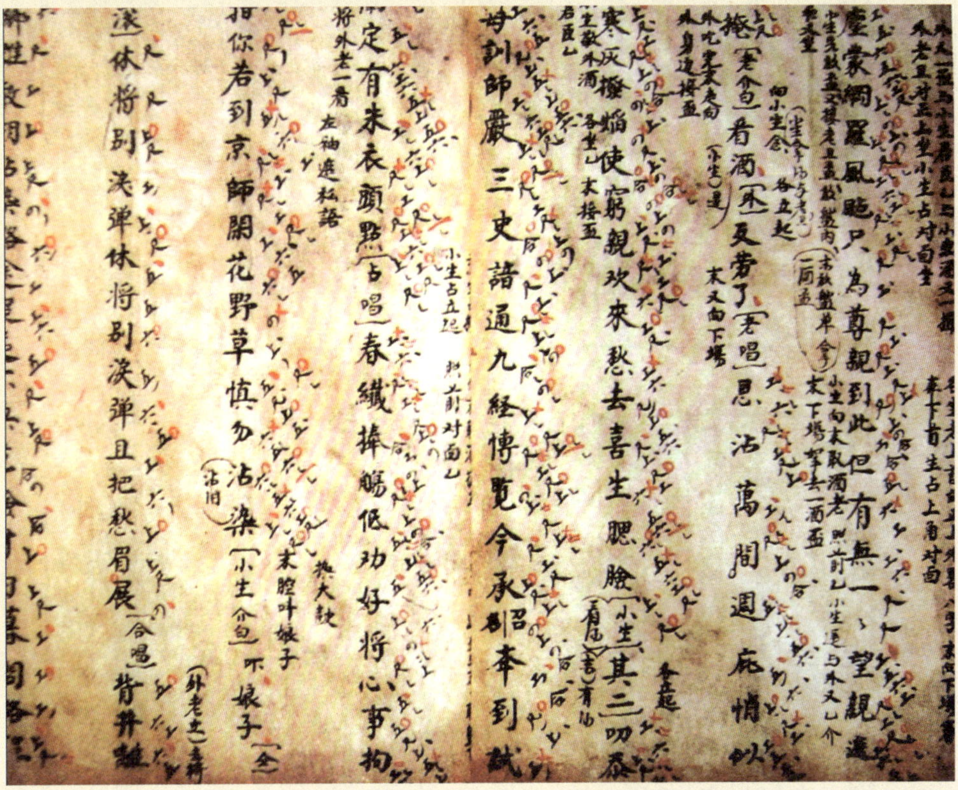

清清河郡抄本《荆钗记遣仆回门身段谱》书影

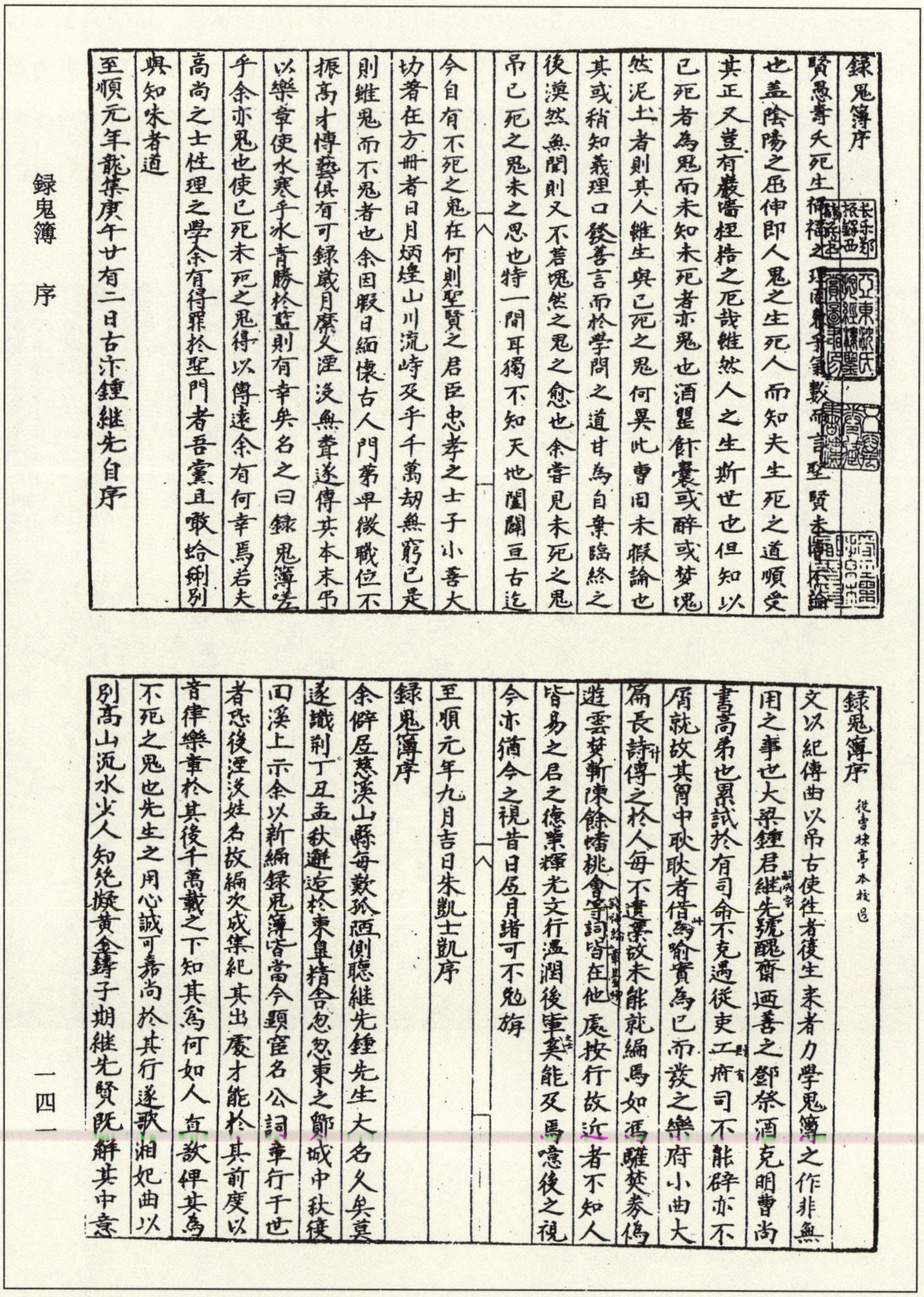
錄鬼簿序
賢愚壽夭死生禍福之理固兼乎氣數而言聖賢未嘗不論
也蓋陰陽之屈伸即人鬼之生死人而知夫生死之道順受
其正又豈有巖牆桎梏之厄哉雖然人之生斯世也但知以
已死者為鬼而未知未死者亦鬼也酒罌飯囊或醉或夢塊
然泥土者則其人雖生與已死之鬼何異此曹固未暇論也
其或稍知義理口發善言而於學問之道甘為自棄臨終之
後漠然無聞則又不若塊然之鬼之愈也余嘗見未死之鬼
弔已死之鬼未之思也特一間耳獨不知天地開闢亘古迄
今自有不死之鬼在何則聖賢之君臣忠孝之士子小善大
功著在方冊者日月炳煌山川流峙及乎千萬劫無窮已是
則雖鬼而不鬼者也余因暇日緬懷古人門第卑微職位不
振高才博藝俱有可錄歲月㢘久湮沒無聞遂傳其本末弔
以樂章使水寒乎冰青勝於藍則亦幸矣名之曰錄鬼簿嗟
乎余亦鬼也使已死未死之鬼得以傳遠余何幸焉若夫
高尚之士性理之學余有得罪於聖門者吾黨且噉蛤蜊別
與知味者道
至順元年龍集庚午廿有二日古汴鍾繼先自序

錄鬼簿　序

一四一

錄鬼簿序　從曹楝亭本校過
文以紀傳曲以弔古使往者復生來者力學鬼簿之作非無
用之事也大梁鍾君繼先號醜齋廼善之鄧祭酒克明曹尚
書高弟也累試於有司命不克遇從吏工府司不能辟亦不
屑就故其胷中耿耿者借此為喻實為已而發之樂府小曲大
篇長詩傳之於人每不遺稾故未能就編焉如馮驩焚券偽
遊雲夢斬陳餘蟠桃會等詞皆在他處按行故近者不知人
皆易之君之德業輝光文行溫潤後輩奚能及焉噫後之視
今亦猶今之視昔日居月諸可不勉旃
至順元年九月吉日朱凱士凱序
錄鬼簿序
余僻居慈溪山縣每歎孤陋側聽繼先鍾先生大名久矣莫
遂識荊丁丑孟秋避迹於東皋精舍忽忽東之鄞城中秋後
回溪上示余以新編錄鬼簿皆當今顯宦名公詞章行于世
者恐後湮沒姓名故編次成集紀其出處才能於其前度以
音律樂章於其後千萬載之下知其為何如人直欲俾其為
不死之鬼也先生之用心誠可嘉尚於其行遂歌湘妃曲以
別高山流水少人知絕擬黃金鑄子期繼先賢既解其中意

宁波天一阁藏抄本《录鬼簿》书影

刻本

中国古代刻书有官刻、私刻和坊刻三种。官刻，就是指政府出资或兴办的出版印刷机构；私刻，又称家刻，是指私人出资刊刻的图书，往往以某堂、斋、宅、府为标记。坊刻，是指书商以盈利为主要目的的刻印。

目前发现的最早的戏曲刻本应为《刘知远诸宫调》。它刊刻于金代平阳（今山西临汾），作者为南宋时期温州九山书会的才人。1907～1908年间，俄国科兹洛夫探险队在发掘古代西域黑水城（今甘肃境内）时发现，现藏北京图书馆。《刘知远诸宫调》全书应有十二则，今残存《知远走慕家庄沙陀村入舍第一》《知远别三娘太原投事第二》《知远充军三娘剪发生少主第三》《知远探三娘与洪义厮打第十一》《君臣弟兄母子夫妇团圆第十二》五则，共有四十二页。它的发现可以看到前期诸宫调的艺术成就和乐曲结构样式，为研究诸宫调的形成和发展，提供了珍贵的资料。

元代说唱和戏曲等表演艺术大兴，雕版印刷也开始被应用于大量刻印小说和剧本，今天见到的就有《三国志评话》等五种评话小说刻本和杭州民间坊刻本元刊杂剧三十种，它是研究元代杂剧艺术的珍贵文物。

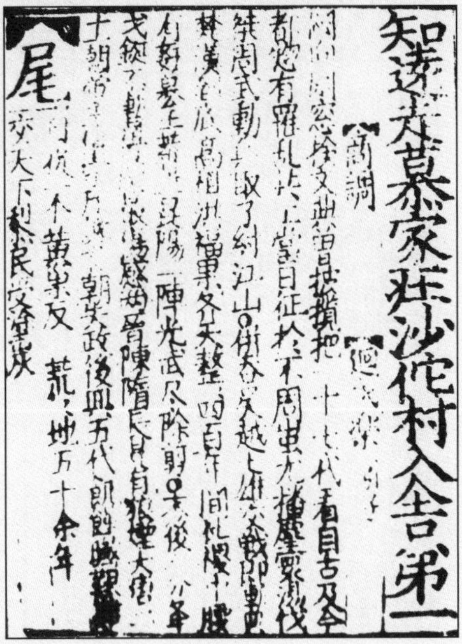
知遠走慕家莊沙佗村入舍第一

金平水版《刘知远诸宫调》书影

大都新編關張雙赴西蜀夢全

《元刊杂剧三十种·大都新编关张双赴西蜀梦》书影

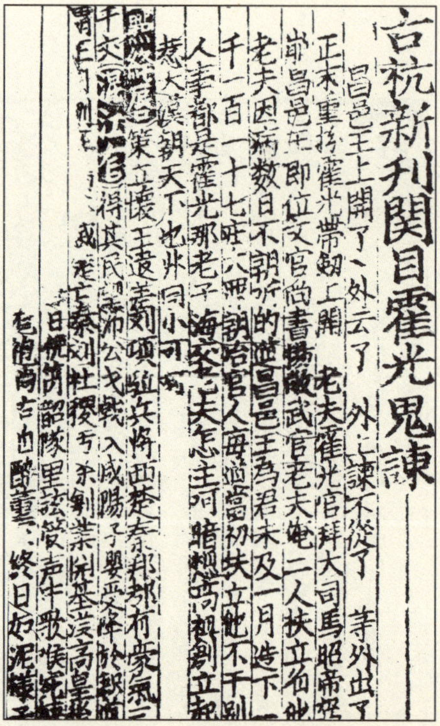
古杭新刊関目霍光鬼諫

《元刊杂剧三十种·古杭新刊霍光鬼谏》书影

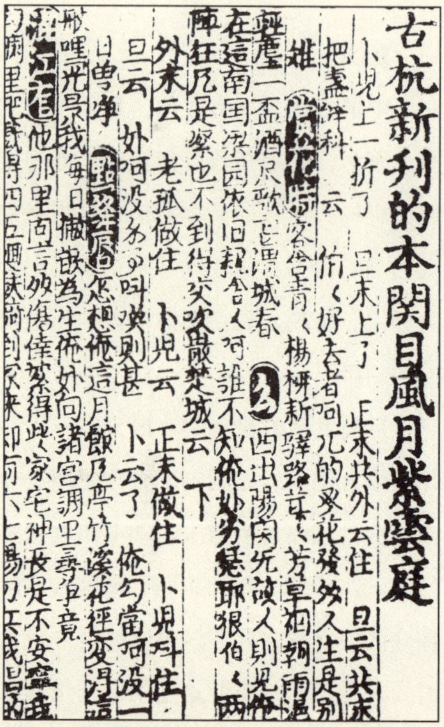
古杭新刊的本関目風月紫雲庭

《元刊杂剧三十种·古杭新刊风月紫云亭》书影

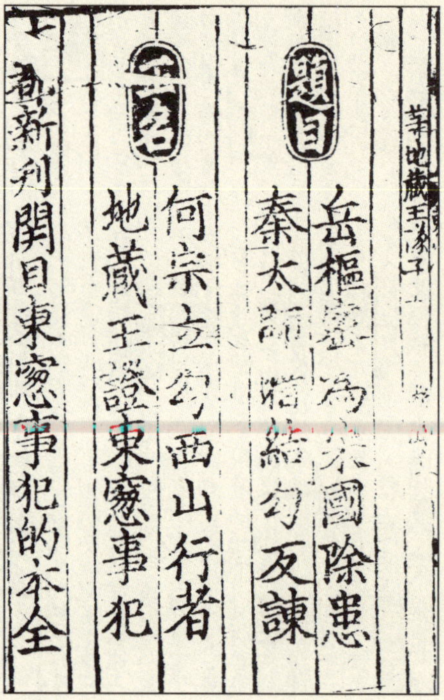
題目　岳樞密為宋國除患　秦太師暗結勾反諫
正名　何宗立勾西山行者　地藏王證東窻事犯
新刊関目東窻事犯的本全

《元刊杂剧三十种·大都新编东窗事犯》书影

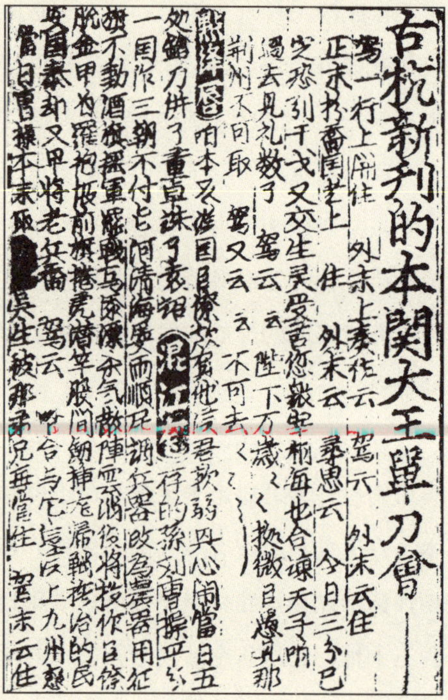
古杭新刊的本関大王單刀會

《元刊杂剧三十种·古杭新刊关大王单刀会》书影

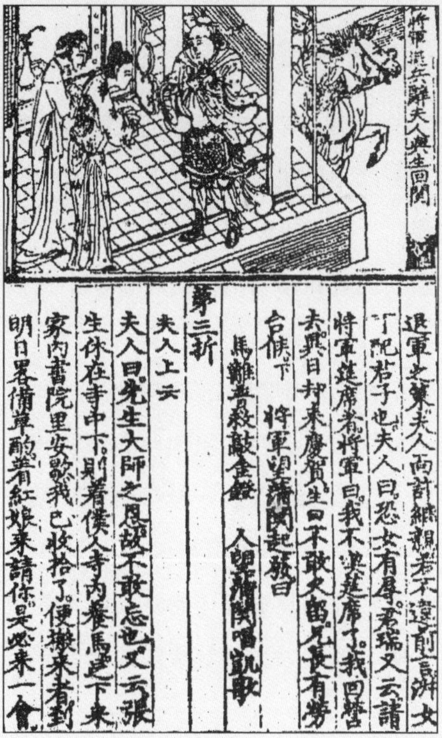
將軍混兵辭夫人與生回閣

退軍之策。夫人両許結親，若不違前言，淑女
丁配君子也。夫人曰：恐女有辱。君瑞又云：請
將軍筵席者。將軍曰：我不涉筵席了。我回營
去，異日却來慶賀。生曰：不敢久留。兄長有勞
台候。下　將軍望蒲關起發，曰
馬離普救敲金鐙　人望蒲關唱凱歌
第三折
夫人上云
夫人曰：先生大師之恩，故不敢忘也。又云：張
生休在寺中下，則着僕人寺內養馬處下來
家內書院里安歇。我已收拾了，便搬來，着到
明日略備草酌，着紅娘來請你，是必來一會。

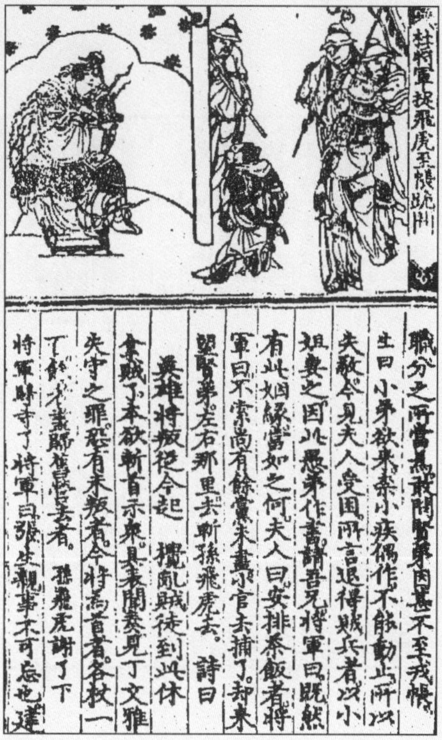
杜將軍捉飛虎至蒲關州

職分之所當為，我閒賢弟因甚不至我帳
生曰：小弟欲來奈小疾偶作，不能動止，所以
失敬。今見夫人受困，所言退得賊兵者，以小
姐妻之，因此愚弟作書請吾兄。將軍曰：既然
有此姻緣，當如之何。夫人曰：安排茶飯者。將
軍曰：不索，尚有餘黨未盡，小官去捕了，却來
望賢弟。左右那里去斬孫飛虎去。詩曰
英雄將叛從今起　攪亂賊徒到此休
拿賊下，本欲斬首示衆，具表聞奏，見丁文雅
失守之罪。恐有未叛者，今將為首者各杖一
下，餘者盡歸舊營去者。　孫飛虎謝了下
將軍辭寺了。將軍曰：張生，親事不可忘也，違

明弘治刊本《西厢记》

元代以后，随着戏曲表演和创作的兴盛，戏曲剧本的刊刻就成为社会上一种专门事宜，给后人留下了大量的剧本集。戏曲集子的存在状态差异很大，有总集，有选集，有别集；有选剧，有选出，有选套曲；有选北剧，有选南戏，有选南北剧；有为阅读而选，有为度曲而选，有为按唱而选；有选高雅古本，有选时贤名品，有选流行戏出；有选官腔雅曲，有选新声时调，有选俗乐杂音……

明清时期全国各地尤其是东南沿海地区印行了大量的戏曲图书，它们一方面使当时的剧本得以流传至今，一方面也体现了各个不同时期和地区雕版印刷

嘗謂古人之歌詩，即今人之歌曲，歌曲雖所以
吟咏人之性情，蕩滌人之心志，亦關於世道
不淺矣。世治歌曲之者猶多，若西廂曲中之
翹楚者也。況閭閻小巷家傳人誦，作戲搬演，
切須字句真正，唱與圖應，然後可今市井刊
行。錯綜無倫，是雖登壟之意，殊不便人之觀。
反失古制。本坊謹依經書重寫繪圖，參訂編
次大字魁本，唱與圖合，使寓於客邸，行於舟
中，閑遊坐客，得此一覽，始終歌唱了然，爽人
心意。命鋟梓刊印，便於四方觀云。
弘治戊午季冬金臺岳家重刊印行

新文藝出版社藏書

明弘治刊本《西厢记》书影

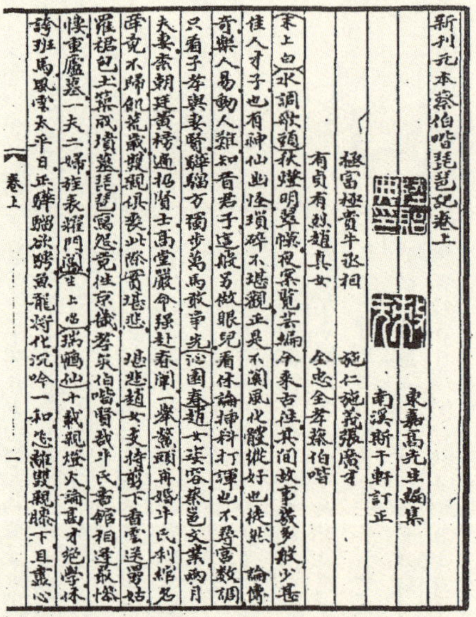

明嘉靖《新刊元本蔡伯喈琵琶记》书影

技术的情况，其中包括印书刻字和图像雕刻两部分。明代前期社会经济有一个恢复时期，明王朝对文化的控制也比较严，因此戏曲图书的印制不多，中期以后开始逐渐出现。如宣德十年（1435）金陵积德堂杂剧刻本《新编金童玉女娇红记》，北京金台岳家刻印的《新刊大字魁本全相参定奇妙注释西厢记》等。万历以后，经济文化繁荣，安徽、江苏、浙江、福建成为印制戏曲剧本的中心，著名的刻书作坊有金陵的富春堂、

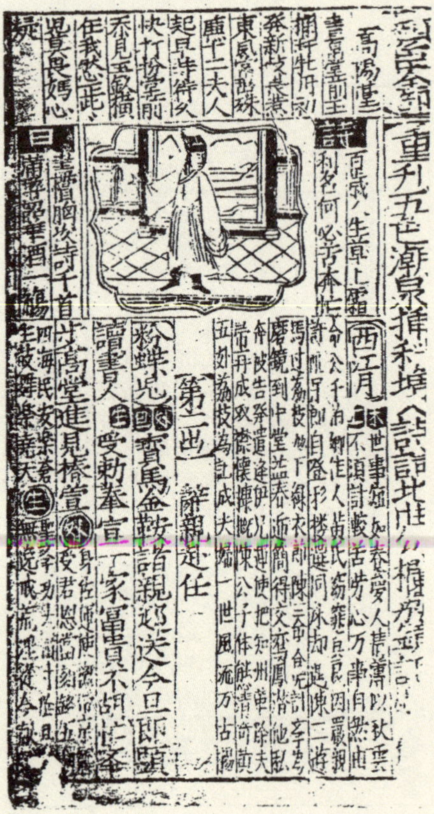

明嘉靖四十五年（1566）新安余氏刊潮泉腔《荔镜记》书影

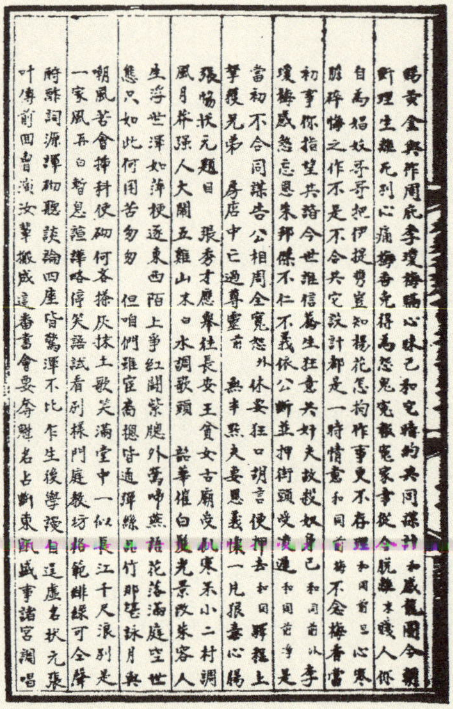

明《永乐大典》本《张协状元》书影

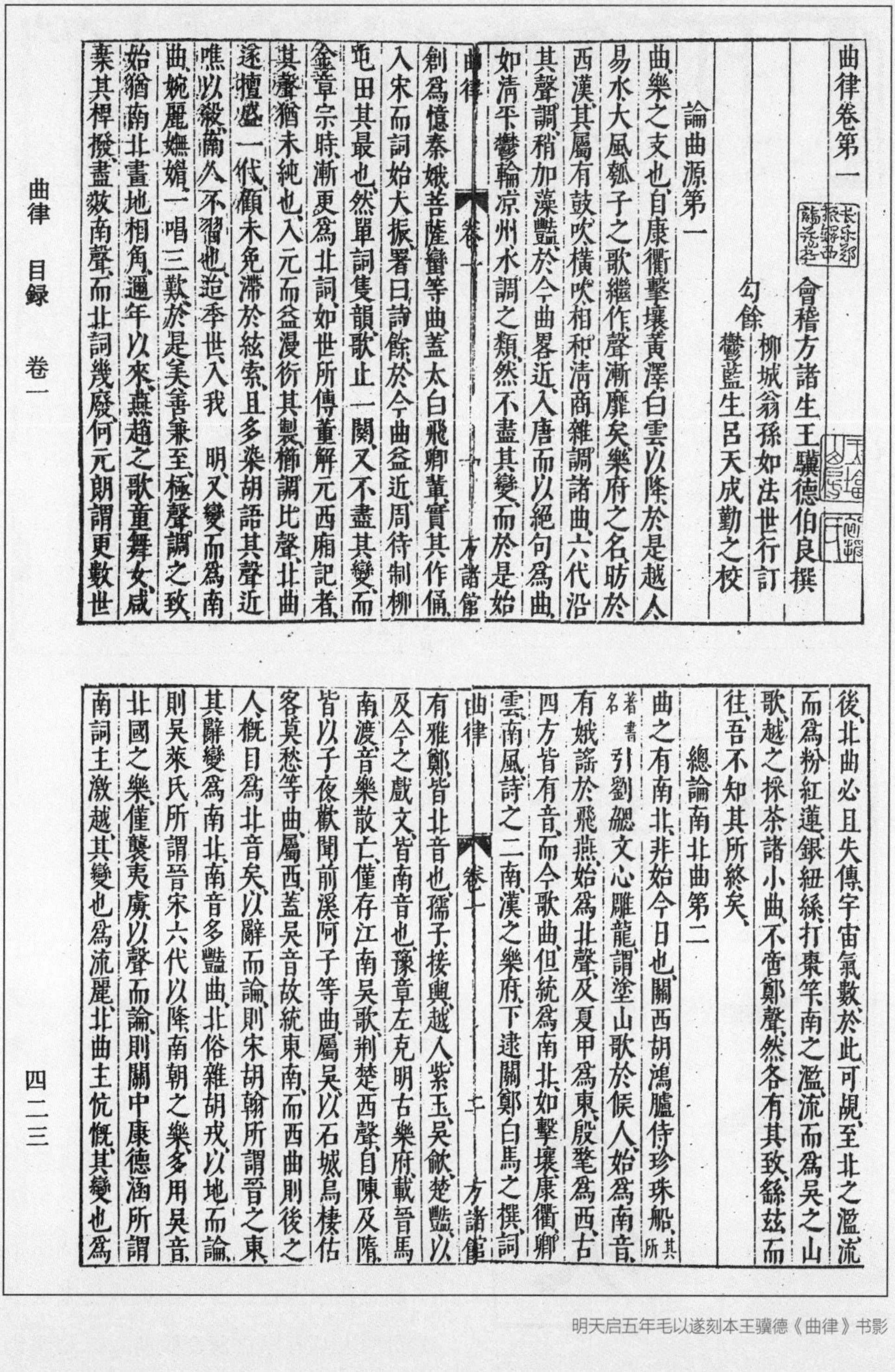

曲律卷第一　長樂鄭振鐸西諦藏書

會稽方諸生王驥德伯良撰

勾餘　柳城翁孫如法世行訂

鬱藍生呂天成勤之校

論曲源第一

曲樂之支也自康衢擊壤黃澤白雲以降於是越人
易水大風瓠子之歌繼作聲漸靡矣樂府之名昉於
西漢其屬有鼓吹橫吹相和清商雜調諸曲六代沿
其聲調稍加藻豔於今曲畧近入唐而以絕句爲曲
如清平鬱輪凉州水調之類然不盡其變而於是始

曲律　卷一　一　方諸館

創爲憶秦娥菩薩蠻等曲蓋太白飛卿輩實其作俑
入宋而詞始大振署曰詩餘於今曲益近周待制柳
屯田其最也然單詞隻韻歌止一闋又不盡其變而
金章宗時漸更爲北詞如世所傳董解元西廂記者
其聲猶未純也入元而益漫衍其製櫛調比聲北曲
遂擅盛一代顧未免滯於絃索且多染胡語其聲近
噍以殺南人不習也迨季世入我　明又變而爲南
曲婉麗嫵媚一唱三歎於是美善兼至極聲調之致
始猶南北畫地相角邇年以來燕趙之歌童舞女咸
棄其捍撥盡效南聲而北詞幾廢何元朗謂更數世

後北曲必且失傳宇宙氣數於此可覘至北之濫流
而爲粉紅蓮銀紐絲打棗竿南之濫流而爲吳之山
歌越之採茶諸小曲不啻鄭聲然各有其致絲竹而
往吾不知其所終矣

總論南北曲第二

曲之有南北非始今日也關西胡鴻臚侍珍珠船（其所著書名）
引劉勰文心雕龍謂塗山歌於候人始爲南音
有娀謠於飛燕始爲北聲及夏甲爲東殷整爲西古
四方皆有音而今歌曲但統爲南北如擊壤康衢卿
雲南風詩之二南漢之樂府下逮關鄭白馬之撰詞

曲律　卷一　二　方諸館

有雅鄭皆北音也孺子接輿越人紫玉吳歈楚豔以
及今之戲文皆南音也豫章左克明古樂府載晉馬
南渡音樂散亡僅存江南吳歌荊楚西聲自陳及隋
皆以子夜歡聞前溪阿子等曲屬吳以石城烏棲估
客莫愁等曲屬西蓋吳音故統東南而西曲則後之
人概目爲北音矣以辭而論則宋胡翰所謂晉之東
其辭變爲南北南音多豔曲北俗雜胡戎以地而論
則吳萊氏所謂晉宋六代以降南朝之樂多用吳音
北國之樂僅襲夷虜以聲而論則關中康德涵所謂
南詞主激越其變也爲流麗北曲主慷慨其變也爲

曲律　目録　卷一　四二三

明天启五年毛以遂刻本王驥德《曲律》书影

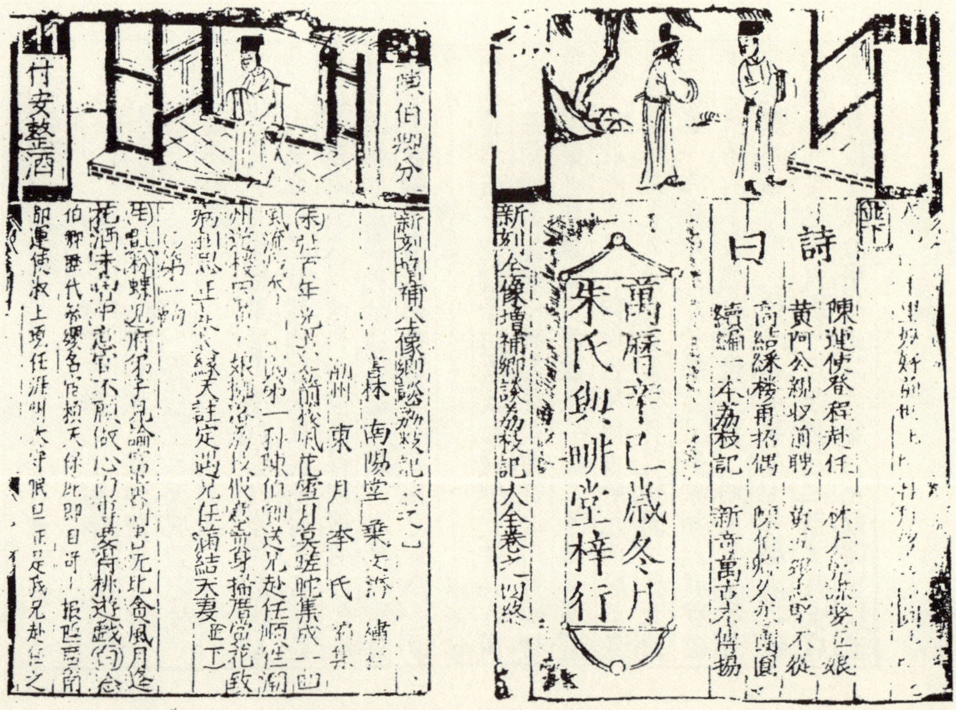

明万历九年（1581）刊本方言《荔枝记》书影

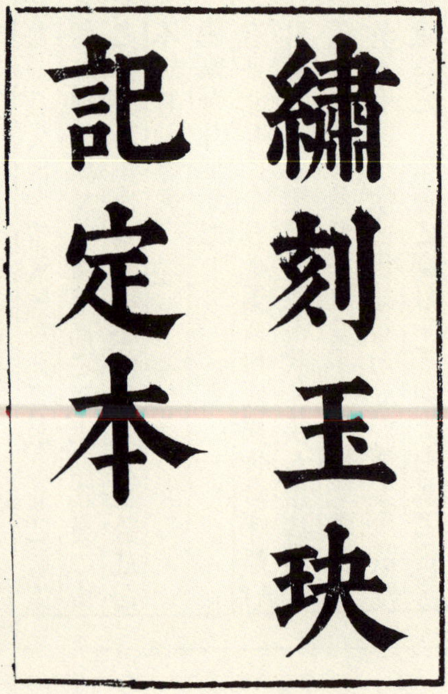

明万历九年（1581）金陵富春堂刊本《玉玦记》书影

继志斋、环翠堂、世德堂等，杭州、苏州、吴兴、海昌等地也有刊刻戏曲剧本的书坊。

明清时期的戏曲总集和选集，今天知道的大约有四十余种，例如息机子《杂剧选》、臧懋循《元曲选》、王骥德《古杂剧》、沈泰《盛明杂剧》、孟称舜《古今名剧合选》、毛晋《六十种曲》等，主要集中出现在明代万历以后到清代前期这一百年间。最初还以杂剧集占多数，主要原因有二：一是戏曲剧本以元杂剧为古，而中国古代历来从事纂辑的人都有厚古薄今倾向；二是明代

明万历十年（1582）新安郑氏高石山房刊《目连救母戏文》雕版

传奇篇幅巨大，一般都以单刻形式流传，而汇编不易。杂剧则篇制短小，采取汇集的形式比较方便合宜。但后来随着杂剧的衰竭，昆曲等南曲声腔的横行天下，局面就彻底转变过来了。

明清两代戏曲作家的个人剧作集，相对文人别集来说就少得多了。元人未见有将自己的剧本汇为集子的，明以后才有些人把自己的剧本汇集刊印，清人的剧本集比较多一些。其主要原因大概是观念上的障碍阻止他们这样做，封建时代的文人以立言为本，写作剧本却属于小道末技，只能给自己带来浮浪之名，所以他们讳之莫深，即使刊出了集子，也多使用假名别号。当然，明清戏曲作家大多是写作传奇，动辄长篇大部，汇刻也不容易，所以多为零刻。戏曲别集今天统计到的大约有七八十种，如朱有燉《诚斋传奇》、徐渭《四声猿》、汪道昆《大雅堂杂剧》、汤显祖《玉茗堂四种传奇》、吴炳《粲花斋新乐府五种》、范文若《博山堂三种曲》、阮大铖《石巢传奇四种》、万树《拥双艳三种》、李玉《一笠庵四种曲》、尤侗《西堂曲腋六种》、李渔《笠翁传奇十种》、杨朝观《吟风阁杂剧》、蒋士铨《红雪楼九种曲》、唐英《古柏堂传奇杂剧》、余治《庶几堂今乐》等。

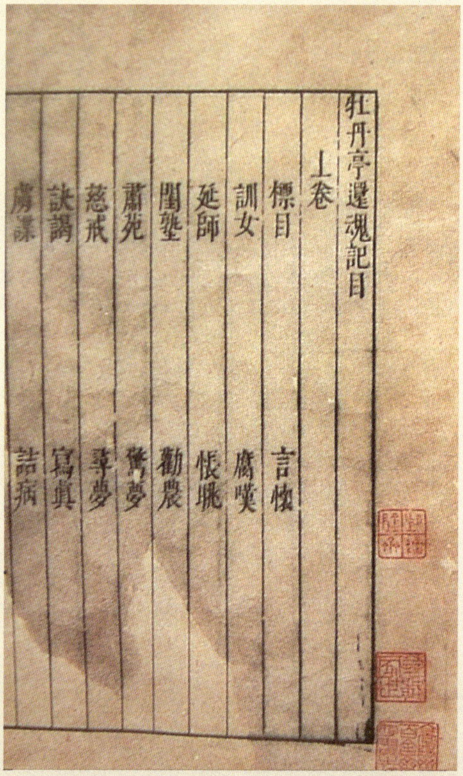

牡丹亭還魂記目

上卷

標目　言懷

訓女　腐嘆

延師　悵眺

閨塾　勸農

肅苑　驚夢

慈戒　尋夢

訣謁　寫眞

虜諜　詰病

明万历二十六年（1598）刊《牡丹亭·还魂记》书影

戏曲剧本的零出选集，在元代没有

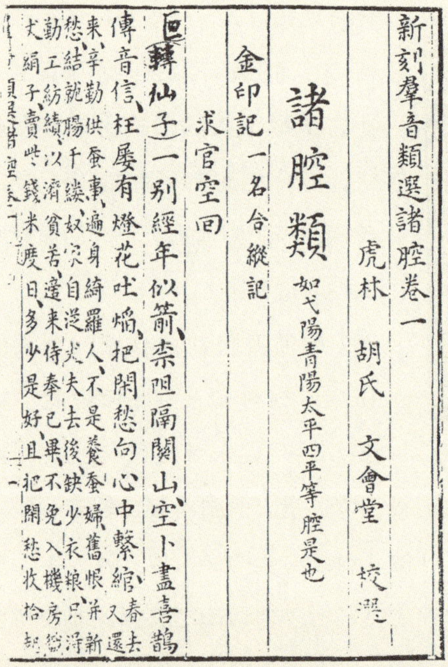

新刻羣音類選諸腔卷一

虎林 胡氏 文會堂 校選

諸腔類 如弋陽青陽太平四平等腔是也

金印記 一名合縱記

求官空回

明万历文会堂刊《群音类选·诸腔类》书影

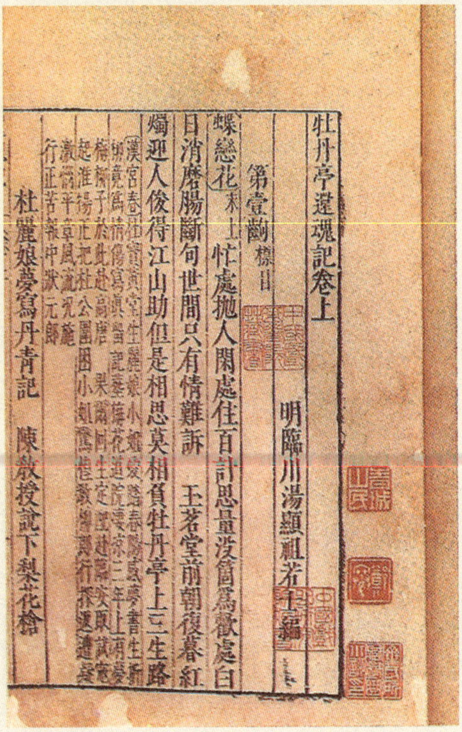

牡丹亭還魂記卷上

明臨川湯顯祖若士編

第壹齣 標目

蝶戀花 末上 忙處拋人閑處住，百計思量，沒箇為歡處。白日消磨腸斷句，世間只有情難訴。玉茗堂前朝復暮，紅燭迎人，俊得江山助。但是相思莫相負，牡丹亭上三生路。

杜麗娘夢寫丹青記 陳教授說下梨花槍

明万历刊本《还魂记》书影

见到，但明清时期却大量存在，是当时戏曲选本的主要形式。它们又往往被编选者根据不同的目的进行处理，有的按照出目排列，有的按照套曲排列，有的既录曲词又录宾白，有的单录曲词删去宾白，有的还将曲词加上点板标记等等。今天大约可以搜集到四十种左右的本子，主要如《风月锦囊》《词林一枝》《八能奏锦》《群音类选》《玉树英》《乐府菁华》《满天春》《玉谷调簧》《摘锦奇音》《大明天下春》《徽池雅调》《时调青昆》《吴歈萃雅》《赛征歌集》《缀白裘》等。其中有不少选本流传国外，近年才被陆续发现，而国内已经失传，如《风月锦囊》《玉树英》《满天春》《大明天下春》等。

明清戏曲典籍中还有重要的一类是曲谱。中国戏曲音乐很长时期里属于曲牌体音乐，而曲牌隶属于宫调，文人填词则需参照曲牌格式，因而有精于音律的文人出来编订曲谱，标明某曲牌在某宫调，定格字数，平仄四声，韵脚开闭口等，南曲还加点板（北曲到清代也开始加点板），例如明朱权《太和正音谱》、沈璟《南九宫十三调曲谱》、沈自晋《南词新谱》、李玉《北词广正谱》、张大复《寒山堂曲谱》、王正祥《十二律京腔谱》等。这类曲谱的用途

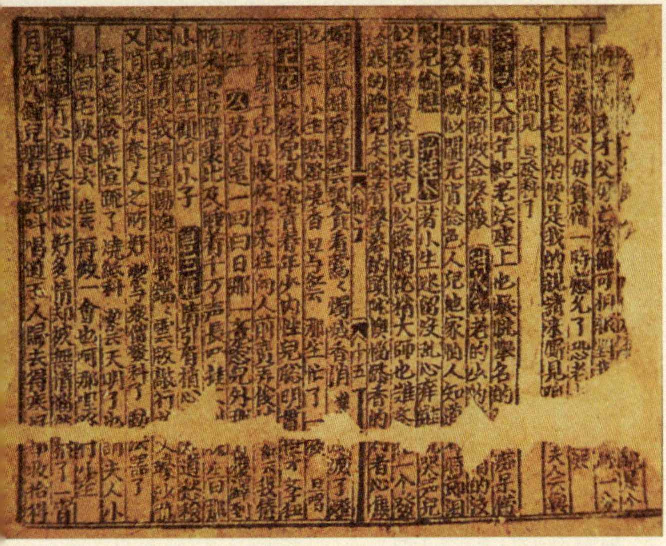

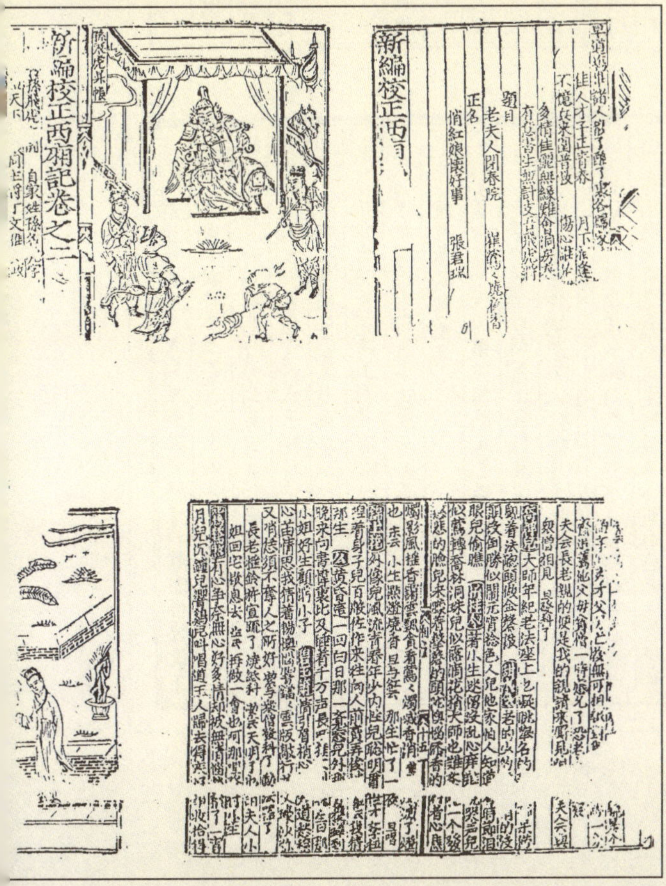

元明间刻《西厢记》残页

是让文人照谱填词，但不能反映曲牌的实际音乐旋律，于是又有在谱例中细细添加工尺的，至此曲谱发展到了它最为完备的阶段，例如《九宫大成南北词宫谱》《纳书楹曲谱》等。曲谱发展的趋势是日见繁复，随着创作的积累，收录例证越来越多，随着其自身经验的积累，体例也越来越完善。到了清代，由御命钦定而词臣任事的曲谱大全也已经出现，如王奕清奉敕编的《钦定曲谱》。但再往后，曲谱编写又出现一变，从规范填词的格律变为舞台剧的实际谱式，将不同剧种流行戏出的工尺板眼细细标明，供演唱者习声，编定者也由文人转为曲师，例如王锡纯《遏云阁曲谱》等。受其影响，后来民间抄写剧本时，干脆在每一个剧本的后面都附录上该剧的工尺谱，以方便习唱者使用，这时的戏曲普及率已经极其广泛了。

青樓集

梁園秀劉氏行第四歌舞談諧爲當代首喜親文墨作字
楷媚閒吟小詩亦佳所製樂府如小梁州青歌兒紅衫
兒側磚兒賽兒令等世共唱之又善隱語其夫随小喬
亦有伎能云
張怡雲能詩善談咲藝絶流輩名重
京師趙松雪商政叔高房山皆爲寫怡雲圖諸名公題詩殆
遍姚牧菴閻靜軒每於其家小酌一日過鍾樓街遇史
中丞中丞下道笑而問曰二先生所往可容侍行否姚
云中丞上馬史於是屏騶從速其歸携酒饌因與造張
海子之居姚與閻呼曰怡雲今日有佳客此中丞乃公
子也我輩當爲尓作主人張便取酒先壽史且歌雲間貴公
子肉骨秀橫秋水調歌頭一曲史甚喜有頃酒饌至史
取銀二錠酧歌席終左右撤酒器皆金玉史云休将去
留待二先生来此受用其賞音有如此者又嘗侑貴人
尊俎姚閻二公在焉偶言暮秋時三字閻曰怡雲續而
歌之張應作小婦孩兒腔且歌且續曰暮秋時菊殘猶
有傲霜枝西風了却黄花事貴人曰且止遂不成章張
之才亦敏矣
曹娥秀京師名妓也賦性聰慧色藝俱絶一日鮮于伯機
開宴座客皆名士鮮于因事入内命曹行酒適公出自
内秀曰伯機未飲客笑曰汝以伯機相呼可謂愛之至也

青樓集

鮮于佯怒曰小鬼頭敢如此無禮曹曰我呼伯機便不
可却只許你呼王羲之一座大笑
解語花姓刘氏長於慢詞廉野雲招盧疎齋趙松雪飲于
京城之外萬柳堂刘左手持荷花右手捧杯歌驟雨打
新荷之曲諸公喜甚趙即席賦詩曰萬柳堂前數畝池
平鋪雲錦蓋漣漪主人自有滄洲趣游女仍歌白雪詞
手把荷花来勸酒步随芳草去尋詩誰知咫尺京城外
便有無窮萬里思
朱簾秀姓朱氏行第四雜劇爲當今獨步駕頭花旦軟末
末等悉造其妙胡紫山宣慰嘗以沉醉東風曲贈云錦
織江邉翠竹絨穿海上明珠月淡時風清處都隔斷落
紅塵土一片閒情任卷舒掛盡朝雲暮雨馮海粟亦贈以
鷓鴣天云凭倚東風遠映楼流鶯窺面燕低頭蝦鬚痩
影纖纖織龜背香紋細細浮紅霞歛翠雲收海霞爲帶
月爲鈎夜来捲盡西山雨不着人間半點愁盖朱背微
僂故馮以簾寓意關已齋亦有南吕數套梓于陽白雪
故不録出至今後輩以朱娘娘稱之
趙貞卿楊玉娥善唱諸宮調楊立齋聞其謳張五牛商政
叔所編雙漸水曲因作鷓鴣天及哨遍要孩兒煞以詠
之後段曲多不録今録前曲云煙柳風花錦作園霜芽
露玉葉柒船誰知皓齒纖腰會只在輕衫短帽邉啼玉
靨咽氷弦五牛身後更無傳詩人老筆佳人口再喚春

四〇三

明刊《说集》本《青楼集》书影

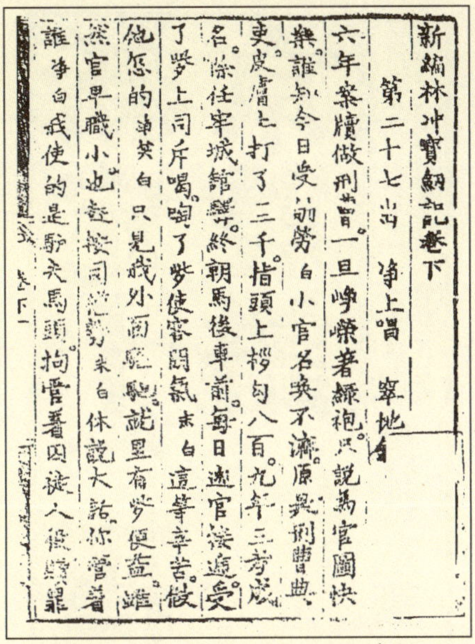

新編林冲寶劍記卷下

第二十七出　净上唱

六年簽牘做刑曹。一旦崢嶸著綠袍。只說為官圖快樂。誰知今日受劬勞。白　小官名奐不濟，原是刑曹典吏，皮膚上打了三千指頭，上梢勾八百。九年三考滿名。除任牢城館驛。終朝馬後車前。每日迎官送遠。受了多少上司斥喝。嗅了多少使客閒氣。末白　這等辛苦，做他怎的。净笑白　只見我外面[illegible]。誰里有多少便益。雖然官卑職小，也[illegible]。末白　休說大話，你曾着誰。净白　我使的是驛夫馬頭，拘管着囚徒人役[illegible]

明刊本《林冲宝剑记》书影

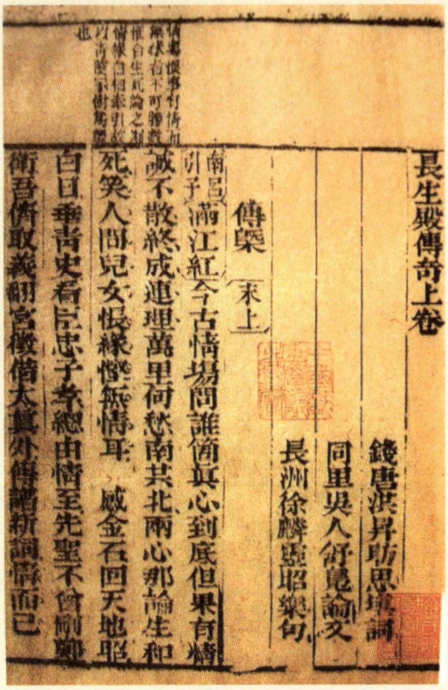

長生殿傳奇上卷

錢塘洪昇昉思填詞

同里吳人舒鳧論文

長洲徐麟靈昭樂句

傳槩　末上

南呂引子　滿江紅　今古情塲，問誰箇真心到底。但果有精誠不散，終成連理。萬里何愁南共北，兩心那論生和死。笑人間兒女悵緣慳，無情耳。感金石，回天地。昭白日，垂青史。看臣忠子孝，總由情至。先聖不曾刪鄭衛，吾儕取義翻宮徵。借太真外傳譜新詞，情而已。

清康熙十八年（1679）刊《长生殿》书影

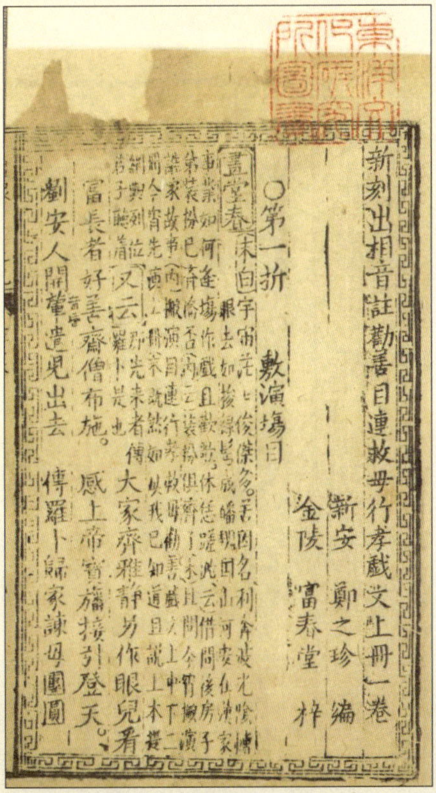

新刻出相音註勸善目連救母行孝戲文上冊一卷

新安　鄭之珍　編

金陵　富春堂　梓

○第一折　敷演塲目

畫堂春　末白

傳大家齊雅靜另作眼兒看

富長者好善齋僧布施。感上帝寶旛接引登天。

劉安人開葷遣兒出去。傳羅卜歸家諫母團圓。

明金陵富春堂刊本《目连救母戏文》书影

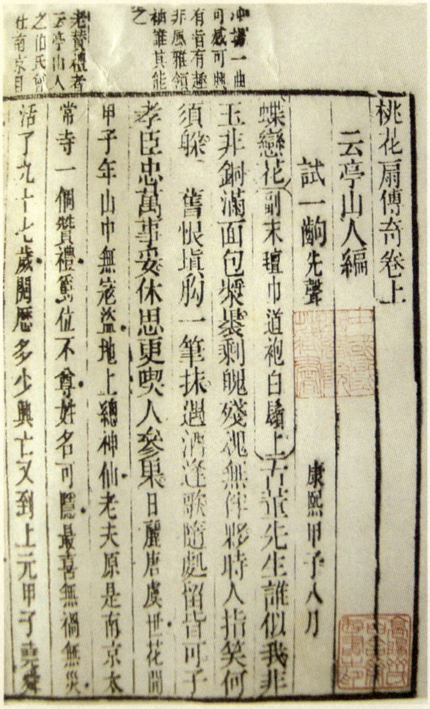

桃花扇傳奇卷上

云亭山人編

試一齣　先聲　康熙甲子八月

蝶戀花　副末氊巾道袍白鬚上　古董先生誰似我。非玉非銅，滿面包漿裹。賸魄殘魂無伴夥。時人指笑何須躲。舊恨填胸一筆抹。遇酒逢歌，隨處留皆可。子孝臣忠萬事妥。休思更喫人參果。日麗唐虞世，花開甲子年。山中無寇盜，地上總神仙。老夫原是南京太常寺一個贊禮，爵位不尊，姓名可隱。最喜無禍無災，活了九十七歲，閱歷多少興亡，又到上元甲子。

清康熙三十八年（1699）刊《桃花扇》书影

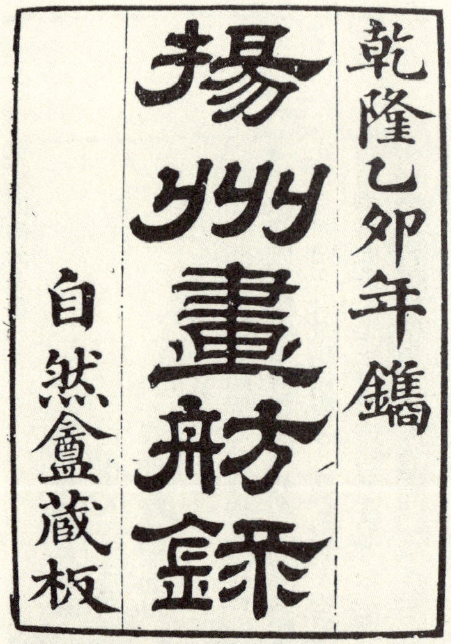
乾隆乙卯年鐫
揚州畫舫錄
自然盦藏板

清刊《扬州画舫录》书影

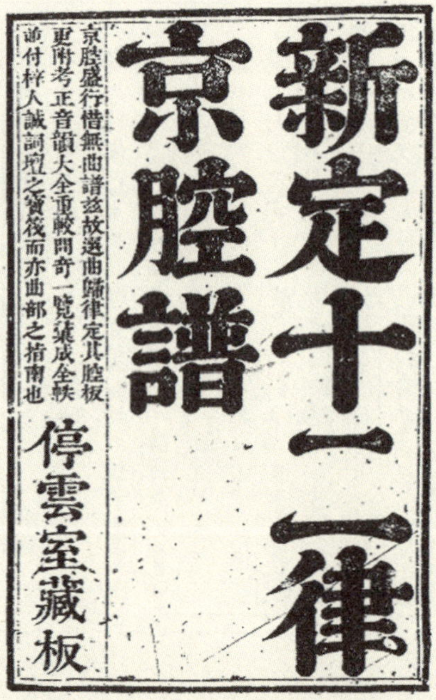
新定十二律
京腔譜
京腔盛行惜無曲譜玆故選曲歸律定其腔板
更附考正音韻大全重較問奇一覽彙成全帙
逆付梓人誠詞壇之寶筏而亦曲部之指南也
停雲室藏板

清康熙刊本《新定十二律京腔谱》书影

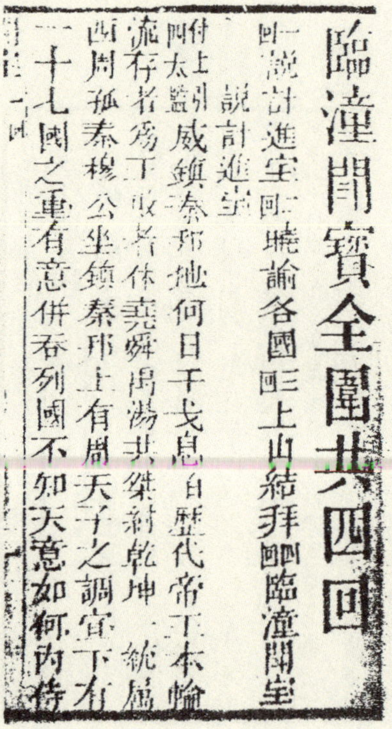
臨潼鬥寶全圍共四回
一回一說計進宝 二回曉諭各國 三回上山結拜 四回臨潼鬥宝
說計進宝
付上引 太監 威鎮秦邦地何日干戈息白歷代帝王本輪
流存者為下敗者休堯舜禹湯共桀紂乾坤一統屬
西周孤秦穆公坐鎮秦邦上有周天子之調宣下有
二十七國之重有意併吞列國不知天意如何內侍

清汉口刊本楚曲《临潼斗宝》书影

柳陰樹結拜
柳陰記
白花樓完婚
戲本
內江 培文堂

清刊《柳荫记》插图

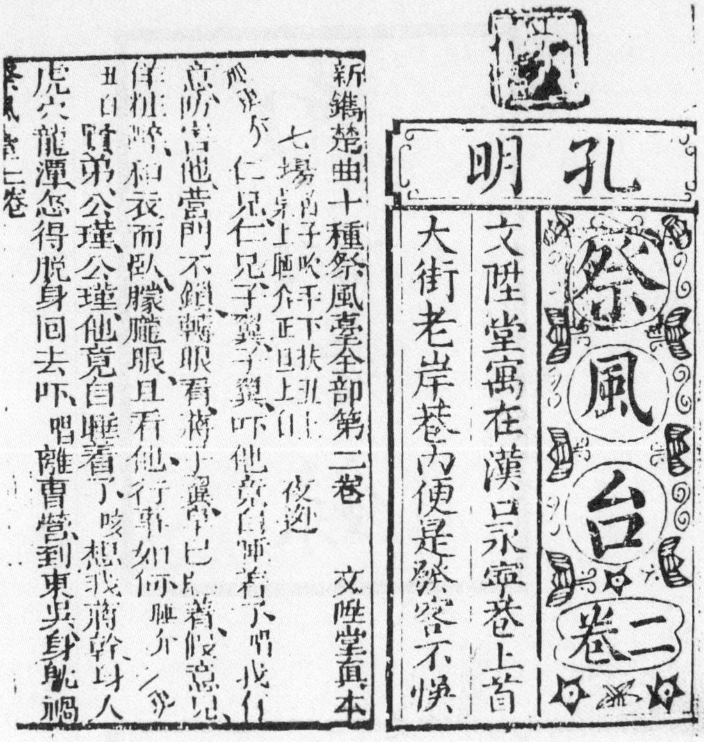
孔明
祭風台 二卷
文陞堂寓在漢口永寧巷上首
大街老岸巷內便是發客不悞

新鐫楚曲十種祭風臺全部第二卷　文陞堂貴本

虎穴龍潭怎得脫身回去吓　唱　離曹營到東吳身脫禍

清汉口刊本楚曲《祭风台》书影

清百本张戏曲刊本书影

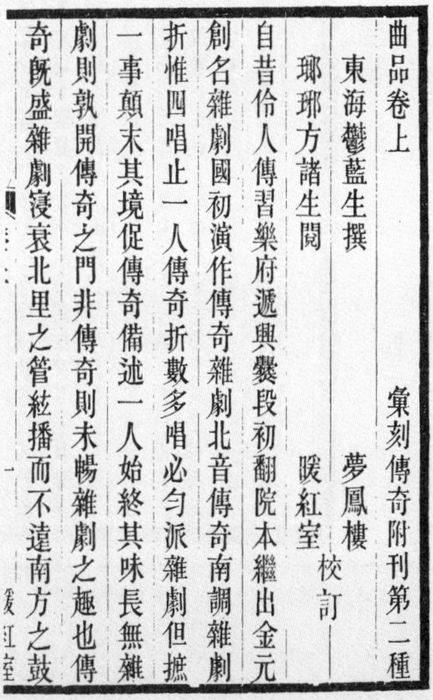
彙刻傳奇附刊第二種
曲品卷上
東海鬱藍生撰　夢鳳樓
瑯琊方諸生閱　暖紅室　校訂
自昔伶人傳習樂府遞興爨段初翻院本繼出金元
創名雜劇國初演作傳奇雜劇北音傳奇南調雜劇
折惟四唱止一人傳奇折數多唱必匀派雜劇但摭
一事顛末其境促傳奇備述一人始終其味長無雜
劇則孰開傳奇之門非傳奇則未暢雜劇之趣也傳
奇既盛雜劇寖衰北里之管絃播而不遠南方之鼓
暖紅室

暖红室汇刻传剧吕天成《曲品》书影

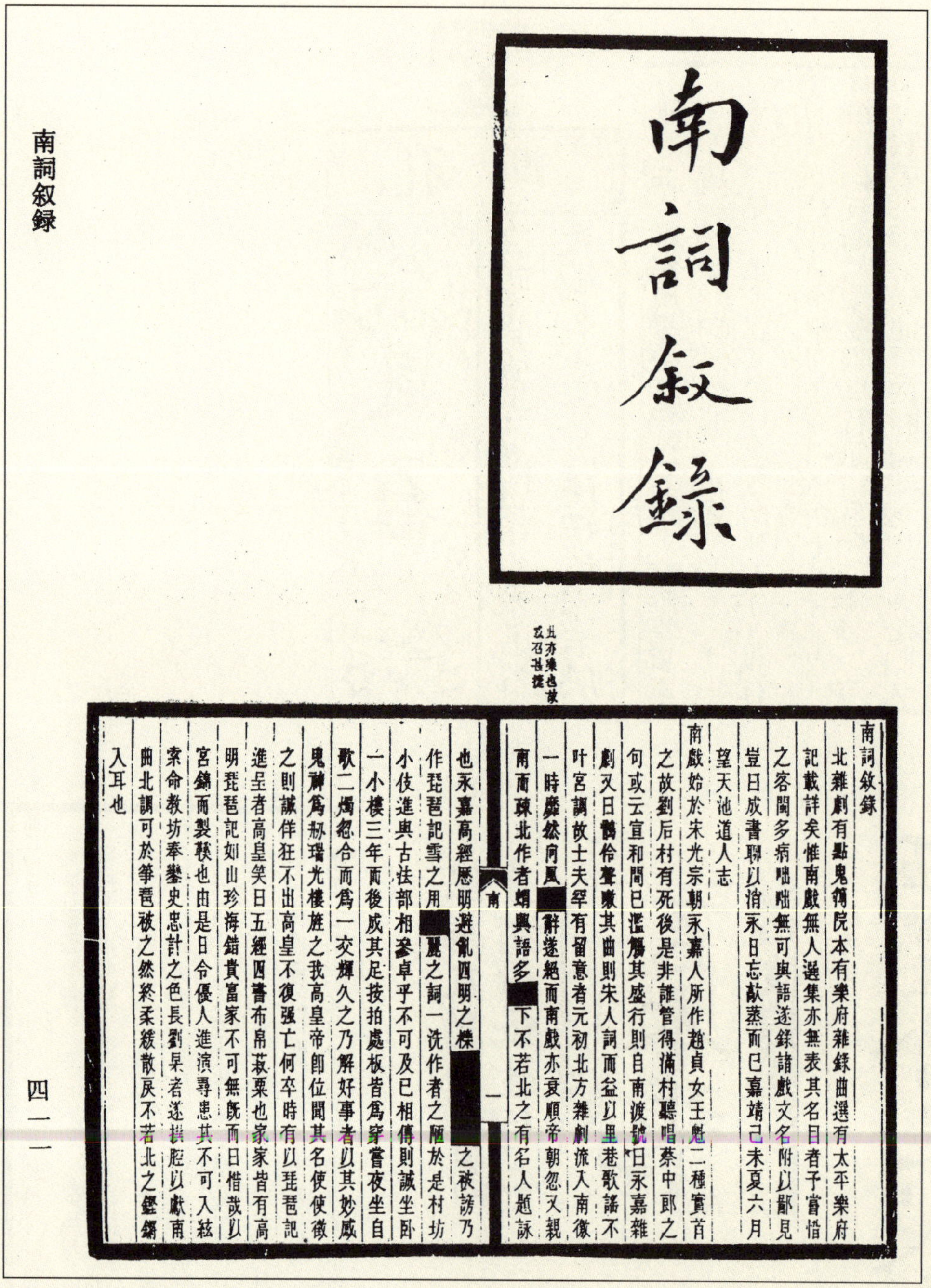

南詞叙録

四一一

南詞敘錄

出亦樂也故
玄召書提

南詞敘錄

北雜劇有點鬼簿院本有樂府雜録曲選有太平樂府記載詳矣惟南戲無人選集亦無表其名目者予嘗惜之客閩多病咄咄無可與語遂録諸戲文名附以鄙見豈曰成書聊以消永日忘歊蒸而已嘉靖己未夏六月望天池道人志

南戲始於宋光宗朝永嘉人所作趙貞女王魁二種實首之故劉后村有死後是非誰管得滿村聽唱蔡中郎之句或云宣和間已濫觴其盛行則自南渡號曰永嘉雜劇又曰鶻伶聲嗽其曲則宋人詞而益以里巷歌謠不叶宮調故士夫罕有留意者元初北方雜劇流入南徼一時靡然向風[redacted]辭遂絕而南戲亦衰順帝朝忽又親南而疏北作者蝟興語多[redacted]下不若北之有名人題詠

南 一

也永嘉高經歷明避亂四明之櫟[redacted]之被誘乃作琵琶記雪之用[redacted]麗之詞一洗作者之陋於是村坊小伎進與古法部相參卓乎不可及已相傳則誠坐臥一小樓三年而後成其足按拍處板皆為穿嘗夜坐自歌二燭忽合而為一交輝久之乃解好事者以其妙感鬼神為刱瑞光樓旌之我高皇帝即位聞其名使使徵之則誠佯狂不出高皇不復强亡何卒時有以琵琶記進呈者高皇笑曰五經四書布帛菽粟也家家皆有高明琵琶記如山珍海錯貴富家不可無既而曰惜哉以宮錦而製鞵也由是日令優人進演尋患其不可入絃索命教坊奉鑾史忠計之色長劉杲者遂撰腔以獻南曲北調可於箏琶被之然終柔緩散戾不若北之鏗鏘入耳也

民国六年董氏刻读曲丛刊本《南词叙录》书影

第二节 碑刻题记

碑刻

还有一类戏曲文物是具有某种纪念意义的实物资料，如古代遗留下来的有关戏曲的碑刻，如苏州老郎庙碑、北京精忠庙碑等。碑刻是指刻于石碑上的文字或图案。最早的碑刻文字是秦朝的石鼓文，因其刻石外形似鼓而得名。碑刻有毛笔写件蓝本或书丹上石，但有些摩崖石刻及石窟，往往不经书写而直接用刀在石面上雕凿。

碑刻主要是以文字作为载体的戏曲文物，碑文多是关于戏台建造或戏曲演出的说明文字。自戏曲艺术成熟以来，戏曲碑刻在各个历史时期都有出现。据查，目前全国戏曲碑刻共有将近一百五十余通，其中宋代三通，元明清三代有一百四十通左右。

宋代三通戏曲碑刻分别是“河中府万泉县新建后土圣母庙记碑”“威胜军关帝侯新庙记碑”和“潞州潞城县三池东圣母仙乡之碑”。这三通石碑上的碑文记载的全是有关戏台建造的过程。“河

山西万荣桥上村后土圣母庙宋碑

中府万泉县新建后土圣母庙记碑”立于宋真宗天禧四年（1020），位于山西万泉县（现为万荣县）桥上村。碑高181厘米，宽80厘米，侧宽26厘米，正书。碑文记录了后土圣母庙的时间、缘起以及建造过程，碑阴还有建造舞亭的人员名单杨延嗣、杜文明等十八人。这些人是有记载的中国神庙戏台的早期建造者。

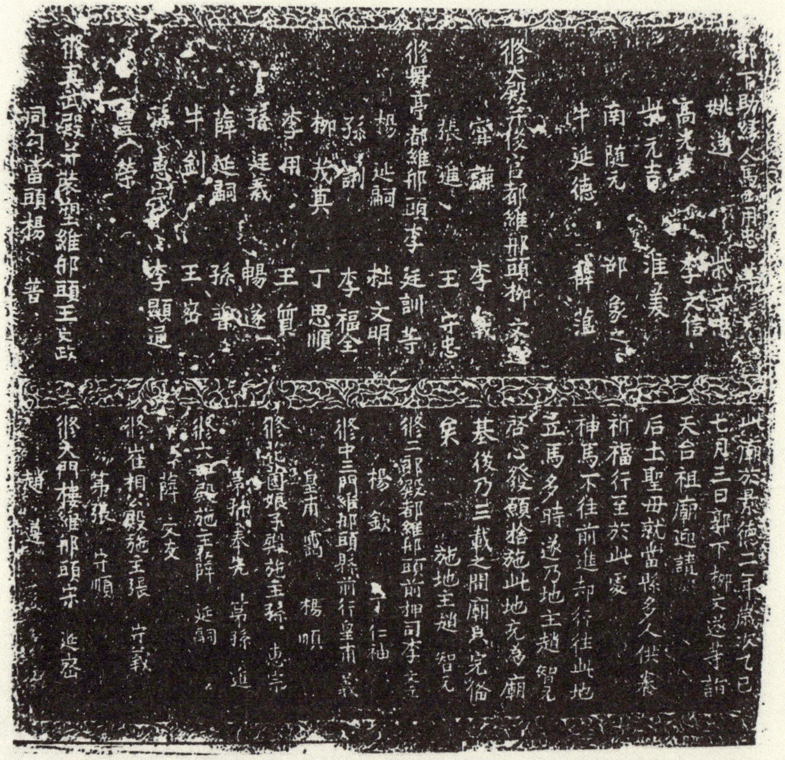
山西万荣县桥上村后土圣母庙宋碑“舞亭”文字

宋元时期的戏曲碑刻多集中于山西、河南两地，碑文内容多是记载修造寺庙和戏台的经过，但也有一些是当时戏班演出的记录，如山西万荣孤山风伯雨师庙的元代石柱，上面所刻内容为“尧都大行散乐人张德好在此作场”，意思是尧都（今临汾）的戏班张德好在此作场演出。这与洪洞广胜寺水神庙明应王殿元代戏曲壁画所书“尧都见爱大行散乐忠都秀在此作场”异曲同工。

明代的戏曲碑刻多见于山西，山东、河南等地也有所发现，共有四十余通，碑文内容同宋元时期类似，多记录寺庙和戏台建造经过。如景泰元年（1450）年所立的山西河津连伯村后土庙“重修后土禹稷庙记碑”，嘉靖二年（1523）所立的山西新绛阳王镇稷益庙“重修东岳稷益庙之记碑”等。其中成化十一年（1475）所立的山西稷山南阳村“法王庙创建舞庭记碑”，更是戏曲史上了解明代舞台的极有价值的实物资料。此碑高143厘米，宽59厘米，笏头，方趺，碑文记载：

南阳为邑之巨里，人多乐善尚义，尤笃于事神。善士李文远早年于本庙朝夕供奉香火，尝会里中长者，议欲于正殿前建舞庭一座，佥曰：宜。……遂树舞庭三架转五，规模雄壮，制作精巧。……于是陈列乐舞，奏格神明，有不宜哉？兴工于成化辛卯之仲春，落成于成化乙未之季夏。[1]

法王庙所建舞庭在正殿前面，为当年酬神演戏之所，梁架结构精巧，制作手法洗练。屋顶琉璃脊兽齐备，形象秀美，色彩鲜丽。晋南明代舞台，已由内柱分开前后场地，此庭方形无内柱，沿袭了元代乐楼古制。此碑上还刻有庙址全图，保存完好。

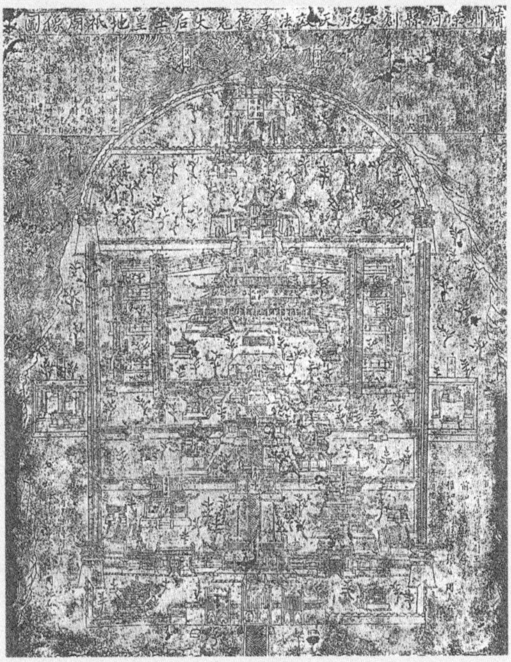

山西万荣《金汾阴后土庙图》碑

山西芮城县东吕村关帝庙元代《创修露台记》碑

清代戏曲碑刻广布全国，多于明代，著名的有如苏州老郎庙碑、北京精忠庙碑等。苏州老郎庙在苏州城内镇抚司前。庙内原有从清雍正十二年(1734)至民国初年所立石碑二十二座。碑石今已不存，仅有碑文拓片行世，是考察清代戏曲活动的重要实物资料。这二十二座碑石主要是立于雍正十二年的“奉宪永禁差役梨园扮演迎春碑”，乾隆元年(1736年)的“感恩碑记”和“花名碑记”，乾隆四十八年(1783)的“翼宿神祠碑记”，乾隆五十六年(1791)的“历年捐款花名碑”（七通），嘉庆三年(1798)的“钦奉谕旨给示碑”（两通），嘉庆九年(1804)的“吴郡老郎神庙之记”，嘉庆二十四年(1819)的“入会规例之碑”，道光二十七年(1847) 的“苏州织造部堂示禁碑”，道光二十八年(1848)的“苏州府正堂碑记”，道光二十八年的“长（洲）元（和）吴三县碑记”，道光二十九年(1849)的“修建音乐台纪事碑”，光绪七年(1881)的“重修老郎庙捐资碑记”等。“老郎”是旧戏班中供奉的“祖师神”。据清顾铁卿《清嘉录》称，苏州“老郎庙，梨园总局也。凡隶乐籍者，必先署名于老郎庙。庙属织造府所辖，以南府供奉需人，必由织造府选取故也”。苏州老郎庙后来成为昆山腔艺人聚会之处，具有戏曲行会组织的性质，故又称“梨园公所”。苏州老郎庙碑反映了不少史实，如“奉宪永

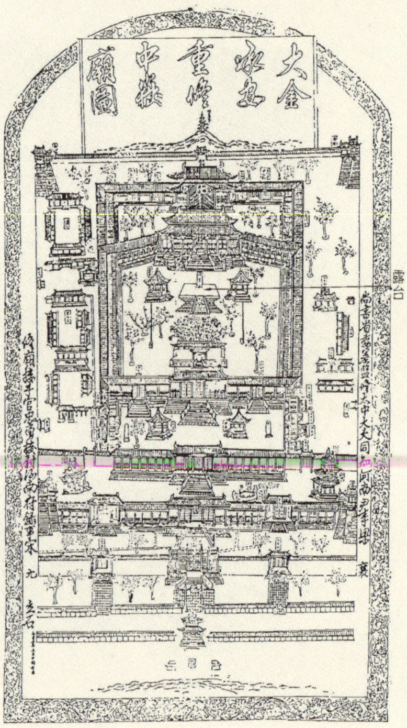

河南登封《大金承安重修中岳庙图》碑

山西稷山南阳村法王庙明成化七年（1471）庙貌图碑

禁差役梨园扮演迎春碑”记载了清廷提倡昆山腔，优待昆山腔艺人的事实，免除他们承担迎春妆扮故事的差事，这项差事责令由民间艺人的“丐户”担任。这反映了昆山腔艺人较为优越的社会地位。“翼宿神祠碑记”为苏州织造府所立，碑文记载了苏州织造具有兼管戏曲文化的权力，并称：“近奉厘正乐曲之命，凡害道伤义者有禁。……此则予持节善俗之意也。”苏州老郎庙成为“梨园总局”，各地设有分局，“历年捐款花名碑”记载，有湖广局、河南局、山东局、台湾局、上海局、胶州局、六合局、山西局、福建局、济南局等以及各地几十个戏班，可见它与各地戏曲团体和艺人的关系是相当密切的。更重要的是两通“钦奉谕旨给示碑”。其一是兵部侍郎兼都察院右副都御史总理粮储提督军务巡抚江宁等处地方事务费某的告示；其二是钦命督理苏州织造部堂兼管浒墅关税务全某的告示。两份告示都是转述“谕旨”，提倡昆山腔和弋阳腔，禁止乱弹、梆子、弦索、秦腔等地方戏演出，说昆、弋两腔为“五音之正”，所演故事乃“谈忠说孝”“足以观感劝惩”，而乱弹等腔“声音既属淫靡，其所扮演者，非狭邪媟亵，即怪诞悖乱之事，于风俗人心，殊有关系”，下令乱弹等戏曲艺人一律改习昆、弋两腔；又称“所以京城地方，着交和珅严查饬禁，并着传谕江苏、安徽巡抚，苏州织造，两淮盐政一体严行查禁”。这项禁令无疑是对当时的地方戏曲的打击，也从侧面反映出蓬勃发展起来的地方戏已经遍及全国各地，并受到民间普遍的欢迎。

题记

戏曲题记因常写于戏台、戏房或其他地方的墙壁上，所以又称舞台题记、舞台题壁、舞台墨记，或戏台题记、戏台墨记。戏台题记多为民间戏班流动演出的历史记载，内容往往会涉及戏班名称、来自何处、所唱剧目、演出时间和地点等，有的甚至还涉及艺人演出的心得体验等，是研究戏班和民间戏曲历史的第一手资料。

戏曲题记在元明清三代都有所发现，目前发现的总共约二百余处，而以清代居多。这些戏曲题记多出现于晋南和中原等历史上戏曲文化比较发达的地区，除此之外，浙江、福建等东南沿海地区和北京、山东等地也有发现。

戏曲题记繁简各异。大多数题记只是记述戏班的名称和演出的时间、地点、剧目等，较为简单，如山西泽州追山乡月湖泉村戏曲题记，河南安阳龙泉乡龙庙村戏曲题记，山东聊城山陕会馆戏曲题记等。山西洪洞广胜寺水神庙明应王殿元代戏曲壁画在戏曲史上非常有名，而壁画上的“尧都见爱大行散乐忠都秀在此作场”，便是标明了演出戏班的题记。此题记另有落款，标明演出时间是“泰定元年四月□日”。泰定即元朝第六个皇帝也孙铁木儿的年号，泰定元年即1323年。再如在湖北省谷城县盛康镇江西会馆发现的两则戏曲题记，分别记叙了两个戏班的演出时间和剧目等。第一则记叙

山西洪洞县明应王殿元杂剧壁画题记“大行散乐忠都秀在此作场”

山西万荣孤山风伯雨师庙元大德五年（1301）“张德好在此作场”题记残石

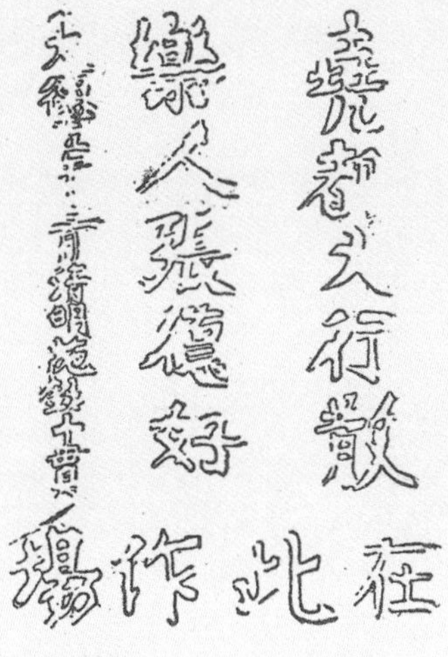

山西万荣孤山风伯雨师庙元“张德好在此作场”残石原摹本

了戏班名称和演出时间，题于戏台墙壁上，内容为：

郧阳三盛班，道光一年四月初一日在此一乐也。

第二则记载更为详细，另加上了演出剧目：

谷城聚成班，一本《玉伟坠》；二本《祭风台》；三本《三义□》；四本《□□□》；五本《七星灯》；六本《鱼藏剑》。道光八年十月廿一日立。

有的戏曲题记不但记录戏班演出的时间地点和剧目等基本信息，还记录下了演出者的经历感受，这些感受或感慨戏曲艺人颠沛流离的流浪生活，或抒发对所演剧目的认识和体验，它们超越了简单生硬的演出信息记录，成为演出者内心感受的直接情感表达。因为戏曲艺人出身底层，文化水平并不高，所以题写的这些文字有的不合规范，还有的就是顺口溜打油诗，如江西吉水县盘古乡大禹庙戏曲题记，内容是这样的：

光绪四年户秀班，游尽江湖把戏唱。只为家穷到外乡，一生消遣多快乐，翰林身份子弟郎。可恨洋行大老板，他把梨园当平常。当初做事好糊涂，流落江湖不自由。年将半百心不稳，悔恨不费痛心头。若要我把愁云转，海底捞月空费有。待等中年莫叹气，花开花落永不收。人生好比浮萍草，水上漂漂付东流。终朝每日想前世，自到如今强出头。看我一生好苦梦，提起当年泪双流。一生怨情难以诉，无常一到把命丢。

这段戏曲题记的作者应是一位年过半百的戏曲老艺人，年轻时就进入梨园行，倍感戏曲艺人生活困顿，地位低下，漂泊半世后徒生命运无常感，借此抒发心中郁闷。

类似的戏曲题记还有很多，如浙江省遂昌县东乡项氏宗祠内发现的戏曲题记，五则中有一则是记于乾隆壬子年间的，也是抒发戏曲艺人生活感慨的。这则题记在先记下戏班演出的时间、地点和剧目名称后，又加这样一段文字：

> 新聚堂中赵新班，往外生意尽隆昌。虽然戏都浅孝少，各庄欢扰与嘀量。人生一世欠济粮，自幼习孝梨园艺。难舍此情一派伤，各有父母相拘训，拆散初情割断肠。志歌背亲却妻子，可怜各泪硬散场。

这段文字署名“遂邑主人”，似是戏班“新聚堂”的班主。

史论卷

第四章 演出用具类

戏曲文物中还有一类，就是用以表演的遗物。它们是当时戏曲艺人台上表演所用之物，在后世遗存下来，展示了某个时期某些艺人的演戏活动，有助于考察它们所表现的戏曲面貌以及服饰、化装的特征和戏曲表演形态演变的过程，成为某个特定时期戏曲艺术发展的见证。此类戏曲文物主要是面具、戏衣、砌末和乐器等。

贵州安顺地戏面具

面具

面具大概起源于最初的原始祭祀，在殷商青铜器里我们见到成批的青铜面具，其中一些可以佩带。见于记载的面具最早可以追溯到六朝时期。南朝的宗懔《荆楚岁时记》里说道：“十二月八日，谚曰：‘腊鼓鸣，春草生。’村人并击细腰鼓，戴胡公头及作金刚力士以逐除。”其中的“胡公头”就是胡人面具。当时的中国僧人智聪于日本钦明天皇二十二年（562）经由高丽到达日本本土，带去了中国乐器和一批“伎乐面”（舞蹈面具）。曾在隋朝学习乐舞的朝鲜人味摩之又于日本推古天皇二十年（612）到达日本，带去的“伎乐面”至今保存在东京国立博物馆，其名目有“吴公”“吴女”“金刚”“力士”“师子”“昆仑”等。这些木刻面具是从先秦青铜器演变而来，还是像唐代《大面》《钵头》戏面具那样由西域国家传来，史不能明，大概后者的可能性大些。

以后面具在各地戏曲剧种特别是傩戏里有着长足的发展，主要分布在长江流域以南的省区，而以地处西南的云贵高原和巴蜀最为集中。西南地区多山，交通不便，文化比较落后，长期保存了原始的巫傩祭祀活动，面具文化也就伴随着这种神秘仪式而长期兴盛，其中最具特色的是贵州的傩戏面具。贵州面具在宋代已经闻名于朝，陆游《老学庵笔记》说，北宋政和年间（1111～1117），宫廷准备举

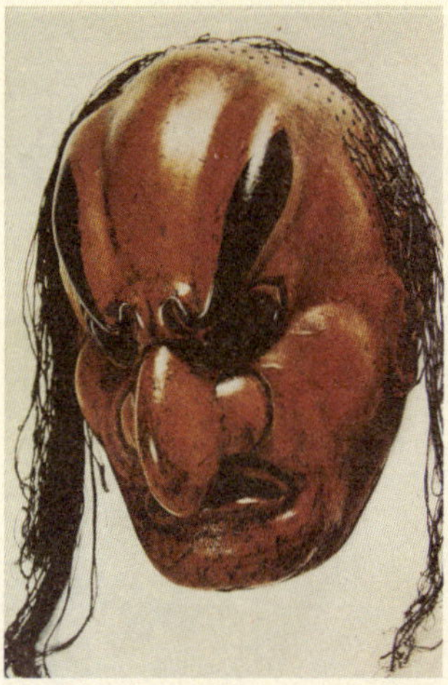
日本广岛市严岛神社藏1173年《钵头》面具

日本奈良市正仓院藏《苏莫遮》面具

本名古屋市热田神宫藏1912年《胡饮酒》面具

日本大阪市1288年秦王面具

办大傩，桂林一带供进傩仪面具八百枚，所刻人鬼之像，“老少妍陋，无一相似者”。范成大《桂海虞衡志》、周去非《岭外代答》也都说，桂林制造的面具精致非凡，名扬天下。云、贵、川是多民族聚居地区，傩祭也有汉族傩、彝族傩、苗族傩、侗族傩、土家族傩、布依族傩等等不同的类型，因而傩面具的面貌也千姿百态。最为原始的彝族傩撮衬姐（变人戏）的面具十分粗糙稚拙，仅仅刳木为槽，外面用黑灰作底，白线勾出五官，具有很强的写实性。其他民族傩堂戏、庆坛戏、端公戏的面具则或写实，或夸张，具有强烈的装饰性。面具形象通常雕刻绘制得正邪分明，正神的面具容貌庄重而和善，色彩浓淡相宜；恶神面具则狰狞凶恶，常以带有凶杀之气的靛蓝色为主调。世俗人物分作正角和丑角，正面人物倾向于敦厚朴实，具有较高的写实性，丑角造型则大多夸张变形。面具的材料一般为杨柳木、丁香木以及笋壳、纸壳等。贵州还有一种由明代军傩演变而来的地戏，其面具不像其他傩戏那般纯朴，而朝向鲜丽雕琢发展。地戏面具一般由脸部、帽盔、耳子三部分组成，通常都精雕细刻，重彩油绘。

清贵州傩戏面具土地

清贵州傩戏面具龙神

清贵州傩戏面具仙封小姐

清四川苍溪庆坛面具武财神

清四川苍溪庆坛面具孽龙

清四川苍溪庆坛面具灵官

清四川苍溪庆坛面具蚕丝爷

傩坛面具一堂为二十四副、三十六副、七十二副不等，地戏则几十上百副。傩坛常见上场人物为土地、山神（开山莽将）、二郎（川主）、先导（险道）神（开路先锋）、秦僮、关公等。

现在仍旧用于戏曲表演的面具主要是西藏地方的藏剧和各地傩戏。

清四川傩戏面具关公

清贵州傩戏面具秋姑婆

清贵州傩戏面具梅香

清重庆江北庆坛面具检斋和尚

日本镰仓市鹤冈八幡宫藏13世纪兰陵王面具

戏衣

宋杂剧、金院本的演出已有为舞台演出而专备的戏衣。昆剧兴起而逐步完善。昆剧的戏衣样式基本上以明代服装为基础，并加以艺术化，形成一套不分朝代、不分季节，各剧通用的“戏衣”。

昆曲有行话“宁穿破，不穿错”，言外之意是对戏中人物服装的样式、质地、图案、色彩等都有规定。这些规定有的是来自明代服饰的制度约束，有的是来自生活习俗的约定，也有的是由舞台表演的需要而创立。由于苏州是昆剧的发源地，又是著名的丝绸、刺绣之乡，所以戏衣多用丝绸、苏绣，从而使戏衣成了一件件精美的工艺品。由中国戏曲角色行当的特点所决定，戏曲中无论文武、男女、老幼、贫富、贵贱、善恶、神鬼等角色，都可以在戏衣中找到相应的服装，而且这些服装无不和戏曲表演水乳交融、相得益彰。

戏衣基本样式约二十种左右，但变化多端，富有艺术表现力。戏衣的色彩分上五色、下五色。上五色为黄、红、绿、白、黑，又称正色。下五色为紫、蓝、粉红、湖色、古铜或香色，又称副色。布料主要采用缎、绸、绉等丝织品。纹式有龙、凤、鸟、兽、鱼、虫、花卉、云、水、八宝、暗八仙等。刺绣有绒绣、夹绣、平金、金夹线、银夹线等区别。

清人绘戏台后台换装场景

有关戏衣的文字记载不多，目前我们了解到的古代戏衣样式多从文物图像中获取。就实物而言，明清两代宫廷演戏所用的戏衣现藏于故宫博物院，仍旧可以看到。

北京故宫藏清宫戏衣铠甲

北京故宫藏清宫戏衣女靠

中央工艺美院藏清代戏衣宫装

砌末

砌末是戏曲舞台上大小用具和简单布景的统称，一作切末，像文房四宝、灶台、马鞭、船桨以及一桌二椅等。砌末不是独立的舞台布景，它在舞台上首要的任务是帮助演员完成动作。

河南温县宋墓竹杖子

砌末一词，在金元时期已有，为戏班行话，意思是“什物”。如元杂剧《张生煮海》第二折，剧本注明：仙姑取砌末科。这里的砌末，即指剧中的锅、勺等物。传统戏曲舞台上的砌末包括生活用具，如烛台、灯笼、扇子、手绢、文房四宝、茶具、酒具等；交通用具，如轿子、车旗、船桨、马鞭等；武器（又称刀枪把子），如各种刀、枪、剑、斧、棍、棒等；以及表现环境、点染气氛的各种物件，如布城、大帐、小帐、门旗、纛旗、水旗、风旗、火旗、銮仪器仗、桌围椅披等。除了常用的砌末之外，也可根据演出需要临时添置。

河南荥阳县宋石棺执杖者

砌末不是生活用具的照搬，有一部分小砌末比较写实，但在写实中还包含一定的假定性，如烛台一般不点着；另一些砌末是通过变形、装饰，使之具有更明显的假定性，如车旗、水旗等。另一方面，运用砌末来刻画人物的精神面貌，非常强调表情姿态的鲜明、准确、传神，如挥动马鞭来表达骑马飞奔的场景等。

宋元时代是中国戏曲的形成时期，在很多历史文献、院本杂剧和文物图像中，经常可以看到对戏曲道具的记载，例如象征演出仪式的竹竿子、引人杖，杂剧中副末专用击打副净用的棍杖和磕瓜等。

明清戏曲行头在元代基础上有了较大发展，元

河南温县前东南王村宋墓持骨朵人

宋杂剧图、《眼药酸》图中的扇子

人戏班肩挑背扛即能赶场的简单行头已经不能满足演出的需要。明代戏班逐渐形成了行头四箱之制，清代李斗《扬州画舫录》卷五详细描述了当时戏班跑码头进行演出所必备的“江湖行头”四（五）个衣箱里的内容：“戏具谓之行头。行头分衣、盔、杂、把四箱。”衣箱中有大衣箱和布衣箱之分。大衣箱里，文扮有富贵衣、蟒服等二十余种，武扮有各种披挂、盔甲、箭衣等十几种，女扮有各类衣裙一二十种，再加上各种桌围、椅帔、巾带以及小锣、鼓、板、弦子、笙、笛、星汤、木鱼、云锣等杂器具。布衣箱里有青布褂、棉袄等一二十种。盔箱里，文扮有平天冠、各种官帽、吏帽、巾帽、平民帽等三四十种，武扮有各种头盔以及女人凤冠、包头等三四十种。杂箱里有各种髯口、各类靴子、各项旗帐、各式面具、诸多马鞭、拂尘、扇子、令牌等杂物以及大锣、唢呐、喇叭、号筒等上百种。把箱里有各类鸾仪兵器。由此可见，到了明清时期，舞台上的戏曲砌末已是非常丰富。

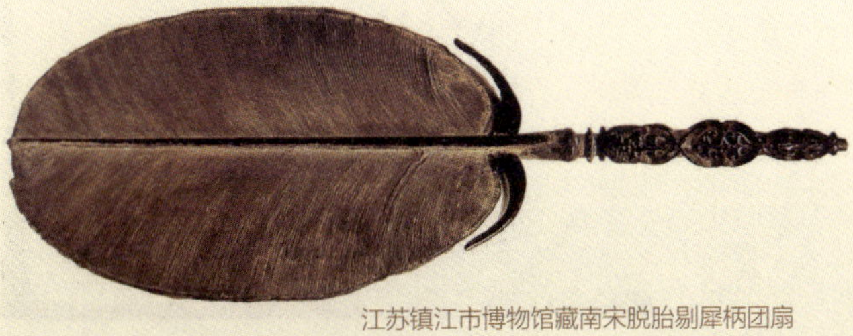

江苏镇江市博物馆藏南宋脱胎剔犀柄团扇

旧时戏曲艺人们经常到处演出，过着颠沛

流浪的生活，生活经常得不到保障。为了保佑戏班演出顺利，艺人们便要寻找精神寄托，这便有了“戏神”。这里所说的戏神并非是立于戏神庙中的神像，而是戏班随身携带供奉的小型神像。它虽不是实际的演出用具，但对于戏班和艺人们却是意义重大。

戏神在明中叶以前不见记载。明万历以后，陆续有戏神庙兴建，尤其是到了清代，全国各地艺人普遍祭祀戏神，不但建有各种神庙，而且每个戏班都供奉一个戏神，流动作场时带着戏神神像走，演出时就把神像供在后台的神龛里。只是，关于

山西侯马市金墓持磕瓜副末

河南义马市金墓持皮棒槌脚色

山西平定县西关村1号金墓持笏装孤

戏神的神主，有一个历史演变的过程，由于记载的失详，其线索已经十分模糊。

今天见到的关于戏神最早的记载，是明代万历年间汤显祖为江西宜黄县一千多位海盐腔艺人所供奉的戏神清源师庙撰写的《宜黄县戏神清源师庙记》。清源神就是二郎神，神主为李冰或者赵昱。一直到李渔的时代，许多戏班供奉的还是二郎神。但是入清以后，二郎神大多被老郎神所取代，其神主各说不一，通常认为是唐明皇，也有说是后唐庄宗、郭郎等。乾隆四十八年（1783）苏州织造全德改老郎的神主为翼宿星君，由于全德奉了乾隆皇帝“厘正乐曲之命”，总览当时一方的戏曲审查工作，操纵戏曲的权限很大，所以他对于戏神神主的改动也产生了很大的影响。清代北京艺人供奉的戏神不称老郎，而呼喜神，其神主不明，或说是唐明皇，或说是耿光、耿梦。由此可见戏神的传说历来是模糊不清的，艺人们只要随便有一个神人作为自己精神上的主人就行了。总的来说，清代各地戏班供奉戏神的情况是：多数地区的声腔剧种供奉老郎神，福建等地则供奉田公元帅，湖南祁剧供奉的戏神又有焦德。另外还有一些戏曲艺人分科供奉的神主，例如武峻神为武行之神，音神为音声之神等。

四川成都民国三庆会戏箱

清河南灵宝县戏曲銮驾

乐器

汉唐时期的歌舞优戏就与音乐紧密相关，往往是歌、舞、戏合一。从目前发现的画像石画像砖等文物中，可以看到戏曲艺术在不同发展时期所使用的乐器。如山东沂南北寨汉乐舞百戏画像石，既有打击乐鼓、磬、铙等，也有管弦乐箫、笛、筝等。宋元时期的砖雕和壁画中出现的乐器较多，大鼓、杖鼓、手鼓、拍板、锣等打击乐器和笛、笙、箫、琵琶、箜篌等管弦乐器都已比较齐备。

清代前期戏班人数，以昆曲戏班为例，大约为二十人左右，这可见于《扬州画舫录》卷二的记载。其中登场角色十二人，称之为"江湖十二角色"。场面人员（乐队）一共七人，分掌鼓（兼拍板）、弦子（兼云锣、唢呐、大铙）、二笛（兼小钹）、笙（兼唢呐）、小锣（兼叫颡子、走场）、大锣。另外，戏房里的人还要帮助奏号筒、喇叭、木鱼、汤锣，可以由暂时不上场的角色兼办。各地方剧种戏班人数虽因为所操乐器不同、行当多寡不同而有增减（更多是减，如果是草台班就减得更多），但也由此可见一斑大概。

陕西韩城市盘乐村宋墓杂剧乐队

河南温县前东南王村宋墓杂剧乐队

河南洛宁县宋金墓杂剧乐队雕砖

山西稷山县马村5号金墓乐床

清《康熙六旬万寿庆典图》戏台演出用乐器

清王翚《康熙南巡图》搭台演戏用乐器

清徐扬《盛世滋生图》堂会演出用乐器

清刘阆春绘农村戏台演出用乐器

甘肃天水宋墓拍板

甘肃天水宋墓杖鼓

甘肃天水宋墓笛

甘肃天水宋墓板鼓

甘肃天水宋墓方响

山西襄汾县永固村金墓大鼓

山西襄汾县永固村金墓笛

山西襄汾县永固村金墓觱篥

河南温县宋墓方响

河南新县响手班清代鼓架

山西运城市西里庄元墓琵琶

河南焦作西冯封村金墓拍板

宋阙名《杂剧图》板鼓

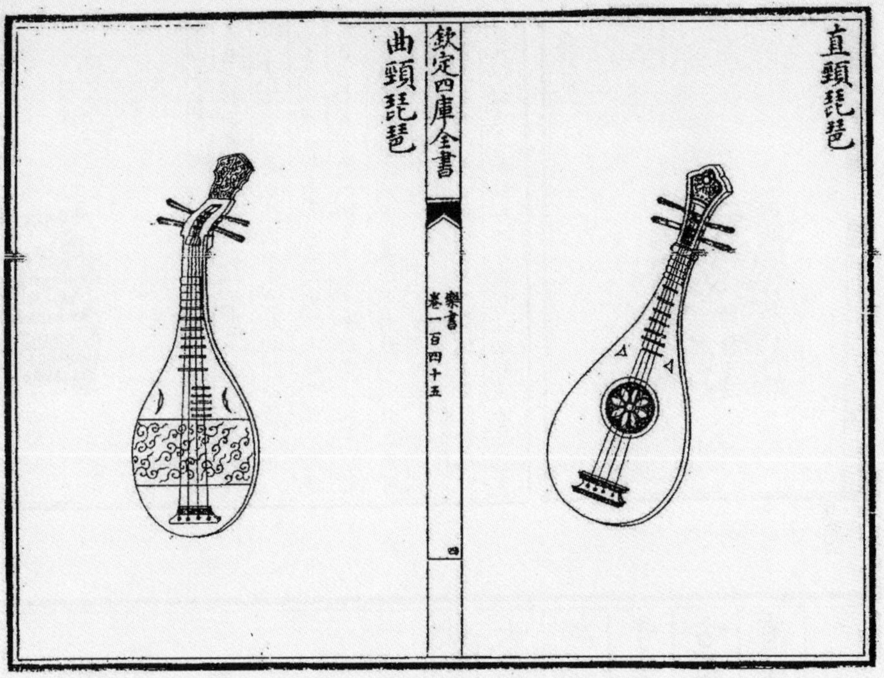

宋陈暘《乐书》插图琵琶

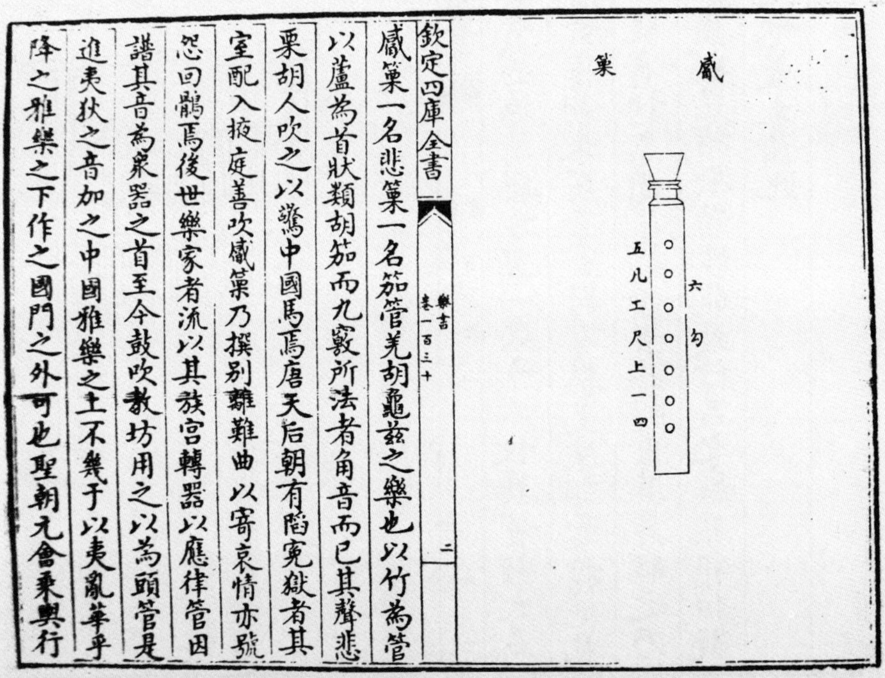
觱篥

五 凡 工 尺 上 一 四

六 勾

欽定四庫全書 樂書 卷一百三十 二

觱篥一名悲篥一名笳管羌胡龜兹之樂也以竹為管以蘆為首狀類胡笳而九竅所法者角音而已其聲悲栗胡人吹之以驚中國馬焉唐天后朝有陷寃獄者其室配入掖庭善吹觱篥乃撰別離難曲以寄哀情亦號怨回鶻焉後世樂家者流以其族宮轉器以應律管因譜其音為衆器之首至今鼓吹教坊用之以為頭管是進夷狄之音加之中國雅樂之上不幾于以夷亂華乎降之雅樂之下作之國門之外可也聖朝元會乘輿行

宋陈暘《乐书》插图觱篥

欽定四庫全書 樂書 卷一百三十九

大鼓

後世大鼓古鼖鼓也其制長八尺唐六典曰凡大駕鼓吹並朱漆畫之是也昔吴王夫差啟蛇門以厭越越人為雷門以攘之擊大鼓於雷門之下而蛇門聞焉唐德宗自山南還宫而關輔有懐光吐蕃之虞詔太常習樂去大鼓至鄭餘慶為卿始奏復用大鼓則大鼓之不可廢如此今太常鼓吹奏嚴用之雖所以節曲亦所以待暴也漢元帝晚年留好音樂嘗置鼓殿下自臨軒檻取銅丸以擿之中嚴鼓之節可謂窮極幼眇矣然特戲事

欽定四庫全書 樂書 卷一百四十

教坊鼓

宋陈暘《乐书》插图大鼓、教坊鼓

欽定四庫全書 樂書 卷一百二十五

方響

響鐵

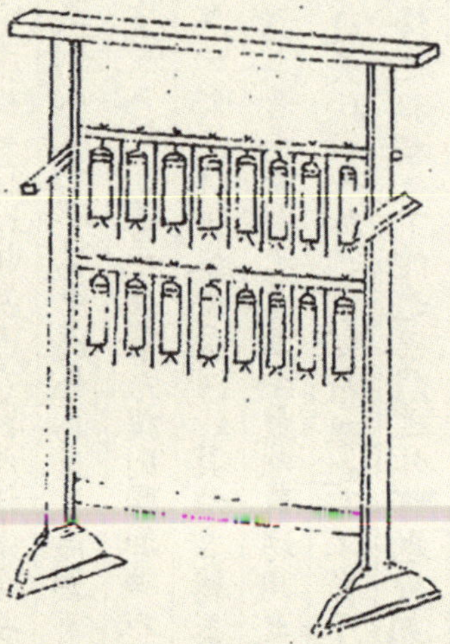

大周正樂載西涼清樂方響一架十六枚具黄鍾大呂二均聲唐武宗朝朱崖李太尉有樂吏廉郊嘗撥琵琶于池上彈蕤賓調忽聞芰荷間有物躍出其岸眎之乃方響蕤賓鐵也豈指撥精妙能致律呂之應然邪和凝有響鐵之歌蓋本諸此

宋陈暘《乐书》插图方响

中国戏曲艺术大系

COMPLETE COLLECTION OF CHINESE OPERA

“十一五”国家重点图书出版规划项目——《中国戏曲艺术大系》，旨在将中国丰厚的戏曲资源加以全面开发、整合、包装、营销，使之规模化、系统化，进而产业化，融文献性、学术性、典藏性于一体，以图书和音像等载体的形式出版发行。这套丛书作为展现中国戏曲艺术魅力的窗口，彰显传统戏曲文化博大精深底蕴的平台，将被打造成为一个独具特色而又规模宏大的民族出版品牌。

基于上述宗旨，中国戏剧出版社设定“整理国故、填补空白、建构体系、承前启后”的《中国戏曲艺术大系》出版指导原则，通过全面系统的资料挖掘、遴选、整合，对正在消失或散佚的戏曲资源进行抢救和整理，对已有的文献资料进行系统优化，力图构建广阔、全面、深入、系统的戏曲文化大体系，从现代与传统、民族性与国际性相结合的角度，书写中国戏曲文化新的历史篇章。

这套大型丛书最初拟定“史论卷”“京剧卷”“昆曲卷”“地方戏曲卷”和“少数民族戏剧卷”，但是，通过对戏曲资源的整合和优化工作深入过程中，大系编辑部逐步形成了“大戏曲”（Chinese Opera）观，即无论是京剧、昆曲，还是越剧、梆子、豫剧、晋剧等地方戏曲，在表演、音乐、文学、装扮艺术等领域是共通的。因“史论卷”无法涵盖现有的成果，将增加“文学卷”（集录古今各种戏曲珍本）、“音律卷”（囊括戏曲音乐和音韵学著述）、“口述历史卷”和“演习卷”等，这些陆续出版的图书将不断刷新戏曲典籍出版的种类和数量，填补中国戏曲传承创新和研究领域的空白。

《中国戏曲艺术大系》出版书目

序号	书　号	书　名	出版日期	卷　别
1	978-7-104-03266-3	王国维论剧（精装）	2010.11	史论卷
	978-7-104-03267-0	王国维论剧（软精装）	2010.11	史论卷
2	978-7-104-03282-3	中国戏曲通论（精装）	2010.11	史论卷
	978-7-104-03283-0	中国戏曲通论（软精装）	2010.11	史论卷
3	978-7-104-03325-7	中国戏曲文化（精装）	2010.11	史论卷
	978-7-104-03326-4	中国戏曲文化（软精装）	2010.11	史论卷
4	978-7-104-03336-3	说杨小楼（精装）	2010.12	京剧卷
	978-7-104-03337-0	说杨小楼（软精装）	2010.12	京剧卷
5	978-7-104-03338-7	说谭鑫培（精装）	2010.12	京剧卷
	978-7-104-03339-4	说谭鑫培（软精装）	2010.12	京剧卷
6	978-7-104-03344-8	说侯喜瑞（精装）	2010.12	京剧卷
	978-7-104-03345-5	说侯喜瑞（软精装）	2010.12	京剧卷
7	978-7-104-03347-9	周信芳传（精装）	2010.12	京剧卷
	978-7-104-03346-2	周信芳传（软精装）	2010.12	京剧卷
8	978-7-104-03364-6	说马连良（精装）	2010.12	京剧卷
	978-7-104-03365-3	说马连良（软精装）	2010.12	京剧卷
9	978-7-104-03369-1	说萧长华（精装）	2011.01	京剧卷
10	978-7-104-03380-6	说王瑶卿（精装）	2011.01	京剧卷
	978-7-104-03379-0	说王瑶卿（软精装）	2011.01	京剧卷
11	978-7-104-03390-5	刘奎官表演艺术（精装）	2011.03	京剧卷
12	978-7-104-03403-2	说程砚秋（精装）	2011.03	京剧卷
13	978-7-104-03404-9	说余叔岩（精装）	2011.03	京剧卷
14	978-7-104-03406-3	京剧长谈（精装）	2011.03	京剧卷
15	978-7-104-03452-0	说裘盛戎（精装）	2011.05	京剧卷
16	978-7-104-03400-1	说周信芳（精装）	2011.06	京剧卷
17	978-7-104-03377-6	京剧名伶艺术萃集（精装）	2011.06	京剧卷
18	978-7-104-03562-6	忆江南——李紫贵口述历史 （精装）	2011.09	京剧卷
19	978-7-104-03491-9	说梅兰芳（精装）	2011.12	京剧卷

20	978-7-104-03531-2	马连良艺事年谱（1901—1951）（精装）	2012.01	京剧卷
21	978-7-104-03554-1	京剧花脸唱腔百年品鉴（上下，精装）	2012.01	京剧卷
22	978-7-104-03559-6	我的操琴生活——徐兰沅口述历史（精装）	2012.01	京剧卷
23	978-7-104-03617-3	清末宫廷承应戏（精装）	2012.02	京剧卷
24	978-7-104-03621-0	英秀堂谭——谭门七代画传（精装）	2012.02	京剧卷
	978-7-104-03624-1	英秀堂谭——谭门七代画传（软精装）	2012.02	京剧卷
25	978-7-104-03622-7	粉墨春秋——盖叫天口述历史（精装）	2012.02	京剧卷
26	978-7-104-03816-0	精忠庙带戏档考略（精装）	2012.09	京剧卷
27	978-7-104-03851-1	中国戏曲发展史（四卷，精装）	2012.10	京剧卷
28	978-7-104-03971-6	民国文人的京剧记忆（精装）	2013.04	京剧卷
29	978-7-104-03974-7	清万寿庆典戏曲档案考（精装）	2013.04	京剧卷
30	978-7-104-04093-4	中国京剧编年史（精装）	2013.09	京剧卷
31	978-7-104-04115-3	说李多奎（精装）	2013.10	京剧卷
32	978-7-104-04150-4	梅兰芳传（精装）	2013.11	京剧卷
33	978-7-104-04151-1	戏曲旦行身段功（精装）	2013.11	京剧卷
34	978-7-104-04181-8	荀慧生文集（精装）	2013.12	京剧卷
35	978-7-104-04216-7	修竹庐剧话（精装）	2014.10	京剧卷
36	978-7-104-04215-0	梨园外史（精装）	2014.10	京剧卷
37	978-7-104-04212-9	活人大戏（精装）	2014.10	京剧卷
38	978-7-104-04240-2	曲韵探骊（精装）	2015.6	京剧卷
39	978-7-104-04241-9	元明散曲小史（精装）	2015.6	史论卷
40	978-7-104-04268-6	国剧浅释（精装）	2015.6	史论卷
41	978-7-104-04256-3	国剧韵典（精装）	2015.6	史论卷
42	978-7-104-04257-0	曲韵举隅（精装）	2015.6	史论卷
43	978-7-104-04258-7	宋元伎艺杂考·南北戏曲源流考（精装）	2015.6	史论卷
44	978-7-104-04259-4	皮黄文学研究（精装）	2015.6	史论卷
45	978-7-104-04260-0	元剧研究ABC·曲选（精装）	2015.6	史论卷
46	978-7-104-04261-7	曲学通论·戏曲麈谈（精装）	2015.6	史论卷
47	978-7-104-04263-1	中国京剧装扮艺术（精装）	2015.6	京剧卷

48	978-7-104-04255-6	南北词简谱（精装）	2015.06	史论卷
49	978-7-104-04293-8	中国戏曲文物图谱（精装）	2015.12	史论卷
50	978-7-104-04305-8	于连泉花旦表演艺术（精装）	2015.12	京剧卷
51	978-7-104-04330-0	戏曲源流·曲律易知（精装）	2015.12	史论卷
52	978-7-104-04331-7	元词斠律（精装）	2015.12	史论卷
53	978-7-104-04328-7	元剧联套述例（精装）	2015.12	史论卷
54	978-7-104-04321-8	元明乐府套数举略·《都门纪略》中的戏曲史料	2015.12	史论卷
55	978-7-104-04329-4	孤本元明杂剧提要·宋元明讲唱文学（精装）	2015.12	史论卷
56	978-7-104-04321-8	戏曲丛谭·曲艺论丛（精装）	2015.12	史论卷
57	978-7-104-04316-4	近代皮黄剧韵（精装）	2015.12	京剧卷
58	978-7-104-04317-1	新旧戏曲之研究（精装）	2015.12	史论卷
59	978-7-104-04319-5	从秧歌到地方戏（精装）	2015.12	史论卷
60	978-7-104-04343-0	中国剧场史（外二种，精装）	2016.1	史论卷
61	978-7-104-04326-3	中国京剧史（1790—1949，插图本，精装）	2016.1	京剧卷
62	978-7-104-04340-9	荀慧生日记（精装）	2016.1	京剧卷
63	978-7-104-04332-4	荀慧生艺术评论集（精装）	2016.1	京剧卷
64	978-7-104-04337-9	清昇平署戏曲人物扮相谱（精装）	2016.1	史论卷
65	978-7-104-04338-6	中国京剧人物形象（精装）	2016.1	京剧卷
66	978-7-104-04350-8	郝寿臣脸谱集（精装）	2016.1	京剧卷
67	978-7-104-04351-5	清代伶官传（精装）	2016.1	史论卷
68	978-7-104-04324-3	宋元戏曲文物与民俗（精装）	2016.1	史论卷
69	978-7-104-04327-0	二黄寻声谱·续编（精装）	2016.1	京剧卷
70	978-7-104-04339-3	《杨门女将》的舞台艺术（精装）	2016.1	京剧卷